AF253018

MÉMOIRE

POUR LE SIEUR

PIERRE-PAUL SIRVEN,

Feudiste, Habitant de Castres, Appellant.

CONTRE les Consuls & Communauté de Mazamet, Seigneurs-Justiciers de Mazamet, Hautpoul & Hautpoulois, prenant le fait & cause de leur Procureur Jurisdictionnel, Intimés.

1771.

AVERTISSEMENT

DU LIBRAIRE.

Une affaire du même genre que celle des Calas, & tout auſſi intéreſſante, vient renouveller les larmes, que le public ſenſible, n'a pû refuſer à cette famille. Née des mêmes circonſtances, & portée au même Tribunal où elle eſt encore pendante, on voit l'humanité attentive à l'iſſue qu'elle peut avoir. On l'a vue gémir dans le procès des Calas, ſur l'aveuglement des premiers Juges, dont l'inſtruction irréguliere avoit, pour ainſi dire, forcé un Sénat auguſte a rendre l'Arrêt dont les Calas ont ſubi l'exécution.

Ne doit-on pas eſpérer que l'exemple effrayant d'une pareille ſurpriſe donnera à la vérité, cette lumiere que le fanatiſme avoit obſcurcie; & que le détail circonſtancié des malheurs que Sirven & ſa famille ont eſſuyés, malgré l'innocence la plus avérée, frapperont la ſagacité de leurs Juges, & réuniront, en leur faveur, les vœux du public?

MEMOIRE

Pour le Sieur PIERRE - PAUL SIRVEN, Feudiste, Habitant de Castres, Appellant.

Contre les Consuls & Communauté de Mazamet, Seigneurs-Justiciers de Mazamet, Hautpoul & Hautpoulois, prenant le fait & cause de leur Procureur Jurisdictionnel, Intimés.

LE spectacle le plus touchant pour l'humanité, est la présence d'un innocent injustement ménacé du glaive de la Justice. L'intérêt augmente en proportion de l'atrocité du crime dont on a voulu le charger ; & si de longs malheurs ont éprouvé sa constance, pendant le cours d'une accusation calomnieuse, il a droit à l'attendrissement de toute ame vertueuse & sensible.

Mais si l'impression du fanatisme a éclaté dans les démarches de ses persécuteurs, si le voile sacré de la Religion n'a servi qu'à couvrir un complot lâche & tyranique, si la majesté de la Justice s'est avilie, & dégradée jusqu'à rendre des

A

pieges à la vertu ; alors une juste indignation contre les accusateurs , se mêle à la pitié que l'accusé inspire.

Dénoncé à toute l'Europe comme assassin de sa fille ; poursuivi avec fureur par une cabale redoutable , qui croyoit servir le Ciel , en calomniant la nature ; forcé de se choisir une patrie étrangere , où il a vu expirer une épouse chérie qui n'a pu survivre au malheur des siens ; condamné par contumace comme coupable du plus horrible de tous les crimes , le malheureux Sirven est venu demander des prisons & des fers. Sa présence a déconcerté ses accusateurs & fait trembler le Juge sur son Tribunal. Ce Juge inique s'est ressouvenu qu'il étoit récusable , lorsqu'il a senti qu'il falloit absoudre. Son successeur n'a pas entiérement repoussé la lumiere ; mais il a cru qu'il lui étoit permis de transiger avec la Justice , & qu'il feroit assez pour l'accusé , en lui rendant sa liberté & ses biens.

Ah ! si de si foibles intérêts eussent pû toucher le cœur de Sirven , il n'eût jamais quitté des peuples bienfaisans qui l'avoient amplement dédommagé de ce que lui avoit fait perdre le Tribunal de Mazamet. Ce n'est point pour finir sa carriere dans un repos ignominieux que ce pere infortuné est revenu en France. Le cri de l'honneur l'y rappelloit sans cesse pour anéantir un Jugement d'opprobre , pour venger la cendre de son épouse , pour rendre à ses enfans leur patrie & leur état. Un hors d'instance sur une accusation de parricide est plus horrible à ses yeux qu'un Jugement de mort qui mettroit fin à ses malheurs.

L'accusateur a fourni lui-même la démonstration la plus complete de l'innocence de Sirven , de son *alibi* , de sa tolérance , de sa tendresse pour

la fille, de la démence de celle-ci, de l'impossi-
bilité morale & physique du crime qui fait l'objet
de l'accusation. Comment, à la vue de pareilles
preuves arrachées des mains du fanatisme, le
Juge de Mazamet a-t-il pu imprimer sur la tête
de ce malheureux pere la note odieuse d'un hors
d'instance ? (1)

L'appel l'a déja éteint ce Jugement d'ignominie, & la justice de la Cour en rejettera toute la
honte sur le Tribunal qui l'a rendu. Ce n'est point
ici un Procès ordinaire : c'est la cause de la nature,
indignement outragée dans le plus doux de ses
sentimens ; c'est la cause de la nation lâchement
calomniée par des accusations qui la supposent
féconde en monstres inconnus chez les autres
peuples ; c'est la cause, enfin, de la Religion in-
décemment compromise par des persécuteurs fanatiques qui n'ont pas craint de la nommer pour
complice de leurs fureurs.

F A I T.

PIERRE-PAUL SIRVEN, né à Castres le 22
Août 1709, épousa en 1734 Toinette Leger, née
le 11 Août 1699. Trois filles furent le fruit de ce
mariage ; Marie-Anne, Elizabeth & Jeanne. (2).
Jamais époux ne dûrent se promettre des jours

---

(1) Dans le Ressort du Parlement de Toulouse, l'hors
d'instance fait subsister le soupçon du crime, & imprime sur
la tête de l'accusé une note d'infamie : *quos liberat notat*,
l'accusation n'est regardée comme calomnieuse, que lorsque l'accusé est relaxé.

(2) Marie-Anne naquit en 1735, Elisabeth en 1737,
Jeanne en 1739.

plus tranquilles ; jamais union n'offrit un spectacle plus digne de la protection des Loix. La disproportion des âges n'étoit apperçue que par Toinette Leger qui s'étudioit à la réparer par toutes les vertus de son sexe : la douceur, la sagesse, l'honnêteté, l'attachement à tous les devoirs d'épouse & de mere, formoient le caractere de cette femme estimable : elle portoit au dehors & dans la société de ses amis cette même égalité d'humeur, qui faisoit les délices de son époux & le bonheur de ses enfans.

Qui eût dit à ces époux infortunés qu'ils auroient à répondre un jour à une accusation de parricide ! Qui leur eût dit qu'ils seroient un jour dénoncés à la Justice comme les bourreaux d'Elisabeth ! Le seul crime que Sirven ait dû se reprocher envers ses enfans, c'est d'avoir donné dans son affection une préférence trop marquée à sa seconde fille (1). Mais ce crime, si c'en est un, trouvoit son excuse dans le caractere & dans les infirmités d'Elisabeth. Née avec un esprit borné, stupide & foible, avec un cœur facile & pusillanime, dominée par un fonds de tristesse & de timidité (2) qui sembloit s'accroître avec l'âge, tout, jusqu'à sa phisionomie, annonçoit en elle une ame vouée au malheur. Voilà les titres qui la placerent au dessus de ses sœurs, dans le cœur du plus tendre des peres.

Les devoirs qui soutiennent la famille publique, ressemblent si fort aux devoirs de la famille

---

(1) Les Témoins produits par l'Accusateur, attestent cette préférence dont Sirven a été si cruellement puni.

(2) On en verra plus bas la preuve.

privée, qu'il est très-rare de voir un bon pere, un bon fils, un bon mari, manquer des vertus qui font le bon citoyen. Les habitans de Castres ont rendu le témoignage le plus honorable de la probité & des mœurs de Sirven. Dépositaire des titres, & de la fortune des maisons les plus distinguées du pays, il a mérité l'estime & la confiance de tous ceux qui ont employé ses talens (1).

Il manqueroit quelque chose au portrait de Sirven si nous négligions de le peindre relativement à des vertus d'un autre ordre. Egalement éloigné de cette indifférence criminelle qui outrage toutes les Religions, & de ce zele fanatique qui déshonore celle qu'on professe, il élevoit ses enfans dans les principes de sa croyance, sans prétendre leur imposer, malgré eux, le joug de sa foi. Trop religieux pour être intolérant, il n'oublia jamais que les droits de la conscience font plus sacrés encore que les droits de la puissance paternelle, & que rien n'est plus opposé à l'honneur de toute Religion, que le système contradictoire de persuader par la violence.

Quel est l'homme qui pourra se rassurer sur le sentiment de sa vertu, lorsque le malheureux Sirven a pu être poursuivi pour le plus incroyable de tous les crimes? Ici va s'ouvrir une scene de malheurs dont le récit doit effrayer la nature, & consterner l'humanité.

Ce fut le 6 Mars 1760, qu'Elisabeth disparut, pour la premiere fois, de la maison paternelle, vers les onze heures & demie du matin. Son pere la fait chercher dans tout le voisinage ; il envoie

____

(1) Pour l'adaptation des fiefs.

chez ſes connoiſſances ; il fait courir des gens dans la campagne ; toute la journée eſt employée à d'inutiles recherches. (1) Les allarmes de Sirven redoublent lorſqu'il voit approcher la nuit ſans avoir appris aucune nouvelle de ſa fille. Enfin vers les ſix heures du ſoir le bruit ſe répand qu'Eliſabeth vient d'être conduite chez les Dames Régentes, & demi-heure après, Sirven pere eſt appellé à l'Evêché.

Il ſe rend ſur le champ aux ordres de M. l'Evêque, qui, pour le tranquilliſer ſur le ſort de ſa fille, lui dit : *qu'elle étoit en bon lieu, & qu'il l'avoit miſe chez les Dames Régentes ſous ſa protection.* (2)

Après avoir remercié le Prélat de ſes bontés, Sirven l'aſſura qu'il n'avoit jamais reconnu dans ſa fille le moindre deſir d'embraſſer la Religion Romaine ; que cependant, ſi c'étoit ſa vocation, il ſe félicitoit qu'elle ſe fût remiſe en de ſi bonnes mains. Il ajouta, qu'il trahiroit ſa conſcience s'il diſſimuloit l'affliction que lui cauſoit l'évaſion furtive de ſa fille, mais qu'il étoit conſolé par le témoignage qu'il pouvoit ſe rendre de n'avoir point mérité un pareil abandon. M. l'Evêque convint qu'ayant interrogé Eliſabeth, elle avoit répondu n'avoir aucun ſujet de ſe plaindre de ſes parens, dont elle étoit tendrement aimée.

---

(1) Quarante-unieme Témoin de la confrontation. Sixieme de la répétition du 2 Mai 1762. Vingt-cinquieme Témoin de la répétition. Quarante-unieme Témoin de là même confrontation.

(2) 48, 52, 53, 57, 58, cinquante-neuvieme Témoin de la répétition du 2 Mai 1762. 42 & quarante-troiſieme de la confrontation & pluſieurs autres.

[7]

Tel fut le réſultat de cette converſation, ſur
la vérité de laquelle on ne craint point d'interpeller la religion de M. l'Evêque de Caſtres. La
ſuite fera voir ce qu'il faut penſer de la conver-
ſion ſubite d'Eliſabeth Sirven. Le temps a dé-
voilé là-deſſus bien des myſteres qui ne font pas
honneur aux auteurs de cette intrigue ; mais ſans
entrer dans le détail des faits qui préparerent
l'évaſion ſecrete d'Eliſabeth Sirven, & pour ne
parler que d'après la procédure, on dira ſeulement ici , qu'Eliſabeth ſortit de la maiſon de ſon
pere pour ſe rendre à l'Evêché dans la chambre
de la Dame Roux, femme du Maître d'Hôtel de
M. l'Evêque ; que ce Prélat entra quelque temps
après dans cette chambre , & que ſa préſence fit
une ſi vive impreſſion ſur Eliſabeth Sirven, qu'elle
s'évanouit ſur le champ. Le Prélat ſe retira en
ordonnant qu'on prît ſoin d'elle. On la garda dans
la chambre de la Demoiſelle Roux , juſqu'à l'entrée de la nuit , & on la fit conduire enſuite chez
les Dames Régente. (1).

Sirven auroit pu ſe plaindre ſans doute de cette
eſpece d'enlevement , fait ſans ordre & contre
toute ſorte de Loix. Mais le prétexte ſacré dont
on vouloit couvrir cette violation des droits de
la nature , impoſa ſilence à ſa douleur. Ses plaintes auroient été regardées comme une oppoſition
criminelle à la prétendue vocation de ſa fille.
Il ſe contenta de gémir en ſécret de cet uſage
barbare , ſource de mille injuſtices & de mille
déſordres , qui offroit un moyen toujours ſûr à
des enfans ingrats ou dénaturés de ſe jouer de

---

l'autorité des peres ; ufages dont on a enfin fenti l'abus , & qui déshonoroit la Religion Romaine en fuppofant qu'on ne pouvoit aller à elle qu'en contriftant l'amour paternel.

On ignore fi les mauvais traitemens qu'Elifabeth Sirven effuya chez les Dames Régentes eurent pour objet de hâter fa converfion , & de la déterminer plus promptement à une abjuration publique. Mais ce qui eft certain , c'eft qu'on exerça fur elle les plus indignes cruautés , c'eft qu'on refufa de la montrer à Toinette Leger , attirée par les bruits qui couroient fur le trifte état de fa fille ; c'eft qu'ayant été rencontrée un jour par fa mere dans les rues de Caftres , Elifabeth fe précipita dans fes bras , avec toutes les marques de la douleur & du défefpoir ; & qu'elle en fut inhumainement arrachée par une Dame Régente , peu touchée de ce fpectacle attendriffant. Ce qu'il y a de certain , c'eft que la contrainte & les mauvais traitemens dont on ufa à fon égard dans cette maifon , porterent fi fortement fur fa tête , qu'elle tomba dans un état de démence & d'imbécillité , qui effraya fes impitoyables géolieres. Elles formerent dès - lors le deffein de fe défaire d'un fujet qui répondoit fi mal à leur zele apoftolique : mais comment la montrer à fes parens dans l'état affreux où ce féjour forcé l'avoit mife ? On commença par effayer fi les fecours de la médecine pourroient lui rendre fa fanté & fa raifon. Mais le mal allant toujours croiffant , elles prirent le parti de demander à Mr. l'Evêque de les débarraffer d'une telle profélite (1).

____

(1) Les 35 , 36 , 48 , 52 , 53 , 57 . 58 , 59 de la répétition de Caftres , 42 & 43 de la confrontation , & plufieurs autres.

Ce fut le 9 Octobre 1760 qu'en l'abſence de Sirven , Toinette Leger ſa femme fût mandée chez le Prélat , qui lui ordonna d'aller reprendre ſa fille chez les Dames Régentes. Elle y vola avec l'empreſſement d'une mere tendre , qui alloit reconquérir un enfant chéri , perdu pour elle depuis plus de ſept mois. Eliſabeth ſe préſente à elle , pâle , défigurée , les yeux égarés & mouillés de pleurs. Quel ſpectacle pour le cœur d'une mere ! elle n'embraſſe qu'un ſquelette vivant , incapable de répondre aux ſentimens que ſa préſence inſpire. On la traîne avec peine dans la maiſon de ſon pere. On écrit cette nouvelle à ce pere infortuné , qui ſe hâte de venir mêler ſes larmes à celles de ſa femme. Ils appellent le Médecin qui l'avoit ſoignée chez les Dames Régentes. Mais la démence d'Eliſabeth plus forte que les remedes , ſe manifeſtoit tous les jours par de nouveaux excès. Il fallut aſſujettir ſes bras au moyen d'un vêtement étroit qui l'empêchât d'attenter ſur elle - même & ſur ceux de la maiſon. Il fallut la garder à vue & fermer les fenêttes de ſa chambre avec un cadenat.

Qu'on ſe peigne le déſeſpoir de Sirven & de ſa femme , au ſpectacle toujours renaiſſant d'une fille plongée dans l'humiliation & le malheur. Ah ! ſi du moins l'état affreux d'Eliſabeth n'eût été connu que de ſa famille ! mais comment les ſcenes qui s'étoient paſſées chez les Dames Régentes , auroient - elles pu demeurer ſecrettes ? Faut-il être ſurpris ſi dans le premier moment de ſa douleur Sirven ne put contenir de trop juſtes plaintes , s'il accuſa publiquement les Dames Régentes d'avoir cauſé les malheurs de ſa fille ; mais non , il auroit dû ſavoir qu'il eſt des ames dont l'amour propre ne fut jamais impunément compromis, & pour qui le plaisir de la vengeance est celui dont elles peuvent se priver le moins.

Les reproches qui échapperent à Sirven irriterent les Dames Régentes , qui surent intérèsser à leur ressentiment un Ecclésiastique en place , dont la protection leur facilita le moyen de faire parvenir, à Mr. l'Intendant de la Province , un libelle diffamatoire contre Sirven (1). On y présenta ce pere tendre comme un tyran fanatique , qui punissoit sa fille du desir qu'elle avoit montré d'embrasser la religion Romaine (2) , & ce qui est à peine croyable , c'est que dans le tableau des prétendues persécutions domestiques dont on accusoit l'infortuné Sirven , on eut la lâcheté d'articuler les tristes précautions que sa tendresse avoit été forcée de prendre pour prévenir les effets de la démence d'Elisabeth : précautions que les Dames Régentes avoient rendu nécessaires , & qu'elles avoient pris elle-mêmé lorsque Elisabeth habitoit leur maison (3).

Le Mémoire fut renvoyé par Mr. l'Intendant au sieur *Sers* son Subdélégué , Conseiller au Sénéchal de Castres avec une Lettre , dans laquelle il étoit enjoint à Sirven d'envoyer chaque jour sa fille chez les Dames Régentes , & à l'Eglise , sous peine d'être puni de sa désobéissance. Le sieur Sers communiqua à Sirven les ordres de Mr. l'Intendant , & le Mémoire qui lui avoit été adressé à Montpellier (4). Il ne fut pas difficile de comprendre de quelles mains partoit cet

---

(1) 48, 52 , 53 , 57 , 58 , 59 & 70 témoins de l'information de Castres.

(2) 80 de la même information.

(3) 30, 35, 43, 44 témoins de la confrontation & autres.

(4) 80 témoin de l'information de Castres, premier témoin de la confrontation.

[11]

odieux Libelle. Sirven n'eut pas befoin de fe juftifier auprès du fieur Sers , qui favoit, ainfi que
tout le public, ce qui s'étoit paffé chez les Dames
Régentes par rapport à Elifabeth dont la démence
n'étoit que trop notoire.

Sirven déclara au Subdélégué qu'il étoit impoffible , vû l'état de fa fille, d'obtempérer aux
ordres de M. l'Intendant. Mais , pour lui prouver que fa réfiftance avoit tout autre principe
que la religion , il offrit de lui remettre Elifabeth
s'il vouloit en prendre foin. Il le pria en même
temps de vouloir faire paffer à M. l'Intendant un
Mémoire contenant la vérité des faits , lui promettant de fe foumettre enfuite à tout ce qui lui
feroit ordonné.

Sirven remit en effet au fieur Sers un Mémoire
juftificatif pour être envoyé à Mr. l'Intendant. Il
affura de nouveau le Subdélégué, qu'il étoit prêt
à remettre fa fille à quiconque voudroit fe charger d'elle, en ajoutant toutefois que la mé-
diocrité de fa fortune ne lui permettoit pas de
payer une penfion pour Elifabeth (1). La même
proteftation étoit confignée dans le Mémoire.
Sirven crut devoir prévenir en même temps le
Subdélégué, qu'il étoit à la veille d'aller paffer
quelques mois avec fa famille au lieu de Saint-
Alby (2), à deux lieues & demi de Caftres, où
il devoit travailler à la faction du Terrier du
fieur d'Efperandieu, & où il attendroit les ordres
ultérieurs de Mr. l'Intendant.

____

(1) Les Exploits de faifie des meubles & effets & immeubles des 20 , 21 , 30 Janvier 1762, & les Verbaux de
vente des meubles & effets des 19 & 20 Mars 1762, 29 Mai
& 2 Juin 1764, juftifient la vérité de ce fait.
(2) 80 témoin de l'information de Caftres , premier
témoin de la confrontation.

Le Subdélégué l'avertit alors que le même jour ou le lendemain le Médecin & le Curé iroient visiter Elisabeth, & l'exhorta à les bien recevoir. Sirven répondit qu'il n'avoit pas besoin d'exhortation à cet égard, & qu'il offriroit même au Curé de lui confier sa fille s'il vouloit avoir la charité d'en prendre soin [1]. Il eut l'attention de ne pas sortir de chez lui de tout ce jour-là ni du lendemain ; mais personne ne parut. Il apprit depuis que sur le compte qu'avoit rendu de la malade, Me. Malzac, Médecin, qui l'avoit traitée chez les Régentes & ensuite chez son pere, le Curé avoit jugé sa visite inutile.

Ce fut dans le mois de Juillet 1761 que Sirven sortit de Castres avec sa famille, non pas furtivement, comme on a voulu le faire entendre, mais aux yeux du Subdélégué & même de l'Abbé de Barral [2]. Il passa quelques jours dans une campagne aux environs de Saint - Alby, pour attendre que son appartement fût préparé au château du sieur d'Esperandieu [3].

Trois mois s'écoulerent depuis l'arrivée de Sirven à Saint Alby, sans qu'il entendît parler d'aucun ordre concernant sa fille Elisabeth. Mais au commencement de Novembre 1761, Me. Bel, Vicaire d'Aygues-Fondes, se rendit à la maison de Sirven, accompagné des sieurs Galiber & Averoux, Consuls de Saint Alby ; ils firent appeller Elisabeth, & adressant la parole à sa mere, *je vous ordonne*, lui dit Me. Bel, *de laisser toute liberté à Elisabeth votre fille, d'aller à l'Eglise de*

––––––––––––––––––––––––

(1) Premier témoin de la confrontation à la troisieme interpellation.
(2) 60 témoin de l'information de Castres.
(3) 17 témoin de la confrontation.

St. Pierre de Frontze sa Paroisse, pour assister aux offices divins qui s'y célébrent, & pour recevoir instruction de la religion Catholique, Apostolique & Romaine qu'elle veut embrasser.

Toinette Leger répondit qu'elle ne s'étoit jamais opposée, non plus que son mari, à ce que sa fille embrasât la Religion Romaine ; qu'ils étoient prêts l'un & l'autre, à la remettre entre ses mains s'il vouloit s'en charger ; mais qu'ils ne pouvoient pas donner à leur fille la liberté *d'aller à St. Pierre de Frontze*, à demi-lieue de Saint-Alby, par des raisons qu'elle lui diroit en particulier, s'il vouloit avoir la bonté de l'entendre. Elisabeth prit alors la parole & dit à haute voix : *oui, M. le Vicaire, ce que ma mere veut vous vous dire, c'est que je l'ai battue, & mon pere aussi.* Ce propos fit comprendre au Vicaire & aux Consuls à quelle tête ils avoient à faire ; ils se leverent sur le champ pour se retirer [1].

Sirven pere étoit à Castres lors de cette visite. De retour à Saint-Alby, sa femme lui rendit compte de ce qui s'étoit passé en son absence. Son premier soin fut d'aller chez les Consuls leur demander communication des ordres qu'ils supposoient leur avoir été adressés par M. l'Intendant. Les Consuls lui répondirent qu'ils n'avoient pas reçu d'ordre, & qu'ils ne s'étoient rendus chez lui que sur la réquisition du Vicaire.

Sirven crut alors que les ordres avoient été adressés à Me. Bel, & comme il ne vouloit point qu'on pût lui reprocher d'avoir négligé de les connoître pour avoir un prétexte d'y désobéir, il se rendit le lendemain chez ce Vicaire à qui il

____

(1) 4 témoin de la confrontation.

fit la même queſtion qu'aux Conſuls de Saint-Alby. Me. Bel répondit à ſon tour qu'il n'avoit point d'ordres de Mr. l'Intendant, & qu'il n'étoit allé à Saint-Alby viſiter Eliſabeth qu'à la priere de ſon Curé.

Il fut facile à Sirven d'appercevoir que la cabale de Caſtres faiſoit mouvoir tous ces reſſorts. Il répéta à Me. Bel tout ce qui lui avoit été dit par la mere d'Eliſabeth, en ajoutant que pour ſe mettre à couvert de toute ſorte de perſécutions à l'occaſion de ſa fille, il étoit déterminé à la conduire lui-même chez Mr. l'Evêque de Caſtres, dès qu'il ſeroit de retour des Etats de Languedoc. Il communiqua cette derniere réſolution aux Conſuls de Saint-Alby & à ſa fille. A peine fut-il inſtruit que Mr. l'Evêque étoit arrivé à Caſtres, qu'il ſe mit en devoir d'exécuter ſon projet. Il fixa ſon voyage au 16 Décembre 1761, & ſe rendit en conſéquence la veille à Aygues-Fondes [1] pour en faire part à Me. Bel.

Arrivé à Aygues-Fondes, ſon premier ſoin fut d'aller chez le Vicaire lui demander s'il n'avoit point quelqu'ordre ultérieur à lui communiquer concernant ſa fille. Après avoir conféré quelquetemps avec lui ſur ce ſujet, ils ſe rendirent l'un & l'autre au Château d'Aygues-Fondes, & ſouperent enſemble chez le ſieur d'Eſperandieu, avec l'épouſe & la famille de ce Seigneur. Le ſieur Carcenac, Bourgeois d'Aygues-Fondes, vint au fruit. Ce dernier ſe retira avec le Vicaire à onze heures du ſoir [2]. Sirven, après avoir reſté encore environ trois quarts d'heure avec la Dame

---

(1) 3, 21, 32 témoins de l'information de Saint-Alby.
(2) 14 témoin de la confrontation, & troiſieme de la continuation d'information du 23 Janvier.

d'Esperandieu pour examiner des papiers, fut conduit, par un domestique, dans une chambre du Château à côté du sallon [1].

Tandis qu'il goûtoit les douceurs du sommeil, le glaive du fanatisme étoit levé sur sa tête, & dans cet instant même, commençoit à se former à Saint - Alby la chaîne des malheurs qui devoient bientôt accabler ce déplorable pere.

Il se leve à sept heures du matin ; il entre dans le sallon de compagnie où il attendoit le lever de la Dame d'Esperandieu, qui devoit lui donner des commissions pour Castres : environ demi-heure après, il voit entrer un exprès dépêché par le sieur Galiber, premier Consul de Saint - Alby, pour lui apprendre que sa fille Elisabeth avoit disparu cette même nuit, & qu'on ignoroit ce qu'elle étoit devenue.

Frappé comme d'un coup de foudre à cette triste nouvelle, Sirven parut quelque temps abymé dans sa douleur. Le souvenir de la premiere évasion de sa fille, & des malheurs qui l'avoit suivie, vint s'offrir à son esprit. Il crut, tantôt que la crainte de reparoître devant l'Evêque de Castres, & d'être renfermée une seconde fois, l'avoit portée à fuir la maison paternelle ; tantôt que des ordres supérieurs, secrétement exécutés, l'avoient arrachée à sa famille pour la conduire dans quelque maison Religieuse.

Il part sur le champ d'Aygues-Fondes & arrive à Saint-Alby avant dix heures du matin. Il trouve sa maison remplie de monde, & son épouse entourée de gens qui étoient accourus

---

(1) 1 , 2 , 3 , 4 , 5 témoins de l'information de Sirven , 2 de la confrontation du 22 Janvier.

pour la consoler. Sirven se jette dans ses bras ;
ils restent long-tems sans pouvoir se parler ; il
demande compte de ce qui s'est passé, & des
circonstances qui pouvoient l'éclairer sur le sort
de sa fille. Toinette Leger est hors d'état de lui
répondre que par des larmes. Il apprend par des
bouches étrangeres, « que sa fille Elisabeth s'étoit
» levée seule entre minuit & une heure, qu'elle
» étoit passée dans la chambre de sa mere, qui,
» l'ayant entendue marcher, lui demanda pour-
» quoi elle se levoit si matin ; qu'Elisabeth en-
» tr'ouvrit alors la fenêtre, & dit à sa mere qu'il
» alloit être jour ; que sa mere ayant entendu
» qu'elle ouvroit la porte de la chambre, lui de-
» manda où elle alloit, à quoi Elisabeth répondit
» qu'elle alloit chercher du bois ; qu'elle étoit en
» effet descendue, mais que tardant trop à re-
» monter, elle envoya Jeanne Sirven, sa fille
» cadette, savoir ce que faisoit sa sœur ; que
» Jeanne Sirven ne l'ayant trouvée ni dans l'en-
» droit où l'on tenoit le bois, ni sur l'escalier,
» alla aussi-tôt chez le locataire qui logeoit au
» dessous de leur appartement pour savoir si Eli-
» sabeth ne seroit point chez lui ; que la femme
» de ce locataire avoit rapporté que du temps
» qu'elle donnoit du lait à son enfant assise sur son
» lit, elle avoit entendu quelqu'un descendre à
» petit bruit par l'escalier, & ouvrir ensuite la
» porte de la rue ; que Jeanne Sirven ayant rendu
» compte à sa mere de ce qu'elle venoit d'appren-
» dre, celle-ci se leva sur le champ, & se rendit
» chez les Consuls demi-habillée, & tenant ses
» juppes à la main ; qu'elle s'évanouit en entrant
» chez le sieur Galiber, premier Consul, & ne
» revint de sa foiblesse qu'à force de secours ; que
» les Consuls avoient fait faire des recherches

dans

» dans tout le Village , & que l'épaisseur des té-
» nebres & le mauvais temps avoient empêché d'en-
» voyer à la Campagne avant le jour [1].

La douleur de Sirven redoubla à ce récit. Il fit
courir à son tour de tous les côtés pour découvrir
les traces de sa fille ; mais toutes ses recherches
furent vaines : mille bruits populaires se répan-
dirent au sujet de cette disparition : on avoit vu
passer une fille , conduite par quatre ou cinq hommes , allant du côté de Lavaur. Le Curé de Caucalieres , en passant le batteau du Moulin - neuf ,
avoit dit que l'on ne devoit point être en peine
de cette fille , qu'elle étoit mieux qu'avec ses parens [2].

Sirven n'eut pas de la peine à croire ces rapports. Ce qui s'étoit passé à Castres , les ordres
de M. l'Intendant notifiés par le Subdélégué , la
visite de Me. Bel & des Consuls , tout concouroit
à lui persuader que sa fille lui avoit été ravie par
un coup d'autorité. Il gémissoit tout bas d'un abandon qu'il n'avoit point mérité. Malheureux ! Il ne
prévoyoit pas qu'il auroit bientôt à verser des larmes
plus ameres.

Plus de quinze jours s'étoient écoulés depuis la
disparition d'Elisabeth , lorsque Sirven , pressé par
la Dame de Falgueroles de se rendre à Burlats
pour lui faire un Mémoire , dont le sieur de Falgueroles son mari avoit besoin à Paris , se rendit
aux empressemens de cette Dame qui lui avoit
écrit plusieurs Lettres. Il partit en conséquence
pour Burlats le trois Janvier 1762 , ce fut dans la

---

(1) Huitieme témoin de la confrontation & autres. Premier témoin de l'information du 11 Janvier 1762.

(2) Quatrieme , huitieme de la confrontation.

B

nuit de ce même jour que des enfans qui cher-
choient des oiseaux dans le puits de Saint-Alby,
découvrirent un cadavre flottant sur l'eau. Ils
vont sur le champ avertir les Consuls, qui se rendent à l'instant même au lieu indiqué ; ils donnent ordre à quatre personnes de faire garde pendant la nuit au tour du puits. Le sieur Averoux, Consul, part au point du jour pout aller
faire sa dénonce au Juge de Mazamet [1] ;
ce Juge arrive le même jour à Saint - Alby, fait
tirer du puits le cadavre, qu'on porta à l'Hôtel-
de-Ville, où le Procès-verbal de visite fut sur le
champ dressé. A peine eut-on reconnu les traits
d'Elisabeth Sirven, que tout le Village se rendit
en foule auprès de Toinette Leger. Le cri géné-
ral-fut qu'Elisabeth s'étoit précipitée elle - même
dans le puits. Quelques Voisins se rappellerent
alors que le jour même de sa disparition on
l'avoit vue se tourner vers le puits, en faisant des
grimaces comme une folle. [2] Personne n'é-
leva le moindre soupçon contre les Parens de
cette infortunée. Eh ! comment les Habitans de
Saint - Alby auroient - ils pu les croire coupables
d'un parricide ? Leur tendresse pour Elisabeth, le
caractere doux & paisible de Toinette Leger, la
tolérance & la probité de Sirven étoient trop
notoires dans Saint - Alby & dans les lieux voisins.
On avoit vu Sirven, le jour même qui précéda
la nuit de la disparition, partir pour Aygues-
Fondes ; on savoit qu'il avoit soupé & couché

---

(1) Deuxieme témoin de l'information de Saint-Alby.
Quatrieme témoin de la confrontation.
(2) Troisieme, cinquieme, treizieme de la confrontation, & le treizieme de l'information du 6 Janvier.

dans le Château du fieur d'Efpérandieu [1] ;
qu'aucun Etranger n'avoit paru, ni dans la maifon
de Sirven, ni dans le Village ; que le Locataire
qui étoit couché immédiatement fous la chambre
d'Elifabeth n'avoit entendu d'autre bruit que
celui d'une perfonne, defcendant l'efcalier, &
ouvrant la porte de la rue [2]. Auffi la découverte du cadavre d'Elifabeth n'excita dans Saint-
Alby d'autre fentiment que la pitié qu'infpire le
fuicide, lorfqu'il eft l'effet de la démence ou du
défefpoir.

Mais cette même nouvelle, en paffant de bouche en bouche du lieu de Saint - Alby dans les
Villages voifins, & de-là dans le refte de la Province y fut diverfement femée, felon que les gens
qui la publioient étoient diverfement affectés. Ce
fut fur-tout à Caftres & à Touloufe que le cri du
fanatifme fe fit entendre avec plus de fureur :
Elifabeth avoit voulu abjurer le Proteftantifme &
embraffer la Religion Romaine. Ses parens fu-
rieux l'avoient précipitée dans un puits. Ils l'a-
voient précédemment maltraitée en haine de la
Religion Catholique. On la tenoit enfermée dans
une chambre obfcure ; on l'avoit coufue dans un
fac étroit ; on exerçoit fur elle les cruautés les
plus inouies, pour la faire changer de fentiment.
Faut-il rappeller dans quelles circonftances & à
quelle époque ces bruits calomnieux fe répandi-
rent dans le Languedoc ! Mille bouches fanatiques s'ouvrirent dans ce même temps pour per-

____

(1) Premier, deuxieme, troifieme, quatrieme, cinquieme de l'information de Sirven ; cinquante-unieme de l'information de Caftres ; quatorzieme de la confrontation & autres.
(2) Neuvieme témoin de l'information du 6 Janvier 1762.

fuader au peuple que les Proteſtans étoient parricides par ſyſtême, qu'un des dogmes de leur
ſecte étoit le pouvoir donné aux peres d'égorger
leurs enfans Catholiques, ou qui menaçoient de
le devenir. On ſait avec quelle avidité cette abſurde calomnie, qui outrageoit ſi ſenſiblement
une ſecte entiere, fut adoptée par la populace.
La procédure fait foi qu'elle avoit pénétré à
Mazamet, & fermenté dans beaucoup de têtes à l'époque de la diſparition d'Eliſabeth. Il
n'en falloit pas tant pour perdre Sirven & ſa famille.

Le ſieur Galet, Médecin*, & Huſſon, Chirurgien, nommés par le Juge pour la vérification du
cadavre, prêterent leur ſerment dans l'après-midi
du même jour 4 Janvier 1762, & remirent
bientôt après leur Relation, ſur laquelle il y
aura beaucoup de choſes à dire ; mais ce n'eſt
pas ici le lieu de relever les bévues de ces prétendus Experts. On ſe bornera à remarquer, quant à
préſent, que le Juge mécontent de leur rapport,
les engagea à le refaire, & que cette manœuvre,
contraire à toutes les Loix, eſt preſque avouée par
les coupables [1].

Le lendemain, 5 Janvier, l'enquis fut ordonné
ſur les réquiſitions du Procureur Juriſdictionnel,
qui remit un *brief-intendit*, ſur lequel il voulut
qu'on interrogeât les témoins. Tout le Village
de Saint-Alby fut entendu depuis le 6 Janvier
juſqu'au 10. Mais dans le nombre de quarante-
cinq témoins qui compoſent le premier cahier
d'information, il n'en eſt pas un ſeul dont la dépoſition faſſe naître le plus léger ſoupçon contre

---

(1) Trente-unieme témoin de la confrontation.

la famille Sirven. Ce ne fut pas cependant la faute du sieur Trinquier, Procureur - Fiscal, ou pour mieux dire de la cabale qui le faisoit mouvoir. [Car il faut lui rendre cette justice, il n'a été dans toute cette affaire que pour mettre son nom au bas des Ecrits qu'on lui présentoit [1].] Le *brief-intendit* fourni par le sieur Trinquier mettoit visiblement les témoins sur la voie de la calomnie, & c'est une espece de prodige, que Sirven ait pu échapper à ce premier effort. Trinquier fait demander aux témoins, « s'ils ne savent par oui-dire » ou autrement, que cette fille étoit dans l'inten- » tion de changer de Religion, c'est-à-dire de » Protestante qu'elle étoit se faire Catholique ? » Si elle avoit communiqué son dessein à plusieurs » personnes, & si à raison de ce changement pré- » tendu, elle n'étoit menacée, battue & excédée » par ses parens ou autres personnes ?...... S'ils » savoient [art. 8.] que ladite Elisabeth Sirven » ait été étranglée dans certain lieu ou maison, » gardée pendant quelques jours, & ensuite jettée » toute morte dans ledit puids ? S'ils connoissent » les auteurs, complices, fauteurs ou adhérans de » cet exécrable assassinat ?... S'ils savent [l'art. 9.] » que la mort de ladite Elisabeth Sirven avoit été » préméditée, concertée, résolue & exécutée ?

---

(1) C'est aussi la seule chose qu'il sait faire. Le sieur Trinquier est un petit Marchand de Mazamet, qui après avoir mal fait ses affaires fut décoré, par la Communauté, à qui appartient la haute justice, du titre de Procureur Jurisdictionnel; mais comme le Parquet de Mazamet ne fournit pas de grandes ressources, la Communauté donnoit à son Fiscal les gages de Maître d'école sans qu'il en remplit les devoirs; c'est l'année derniere seulement que quelques taillables s'opposerent à ce qu'on continuât de payer un Pédagogue honoraire.

Le lendemain de fa defcente à Saint - Alby , le Juge permit verbalement au Conful Galiber , devant deux témoins, de faire inhumer le cadavre d'Elifabeth. On vit toutefois, le jour d'après , ce même Juge faire une nouvelle defcente à Saint-Alby pour conftater le prétendu enlevement du cadavre, ordonner l'enquis, & décreter enfuite d'un foit oui les deux Confuls , Galiber & Averoux.

Cependant Sirven , qui , le lendemain même de fon arrivée à Burlats , apprit par un exprès l'affreufe nouvelle qui avoit attiré à Saint - Alby la Juftice de Mazamet , partit prefque mourant de chez la Dame de Falgueroles qui le fit conduire à Caftres. Il confulta en paffant fes amis fur ce qu'il convenoit de faire dans ces triftes circonftances , & fe rendit fur le champ auprès de fa famille à Saint-Alby.

Il apprend à fon arrivée que le Procureur-Fifcal faifoit entendre des témoins ; on l'avertit qu'une cabale redoutable tramoit fecrétement contre lui quelque noir projet ; que le Juge & le Fifcal étoient aux ordres de cette cabale , que la Relation des Médecin & Chirurgien avoit été changée ; qu'on avoit affecté de ne pas faire entendre les témoins qui auroient pu conftater fon *alibi*.

Ces avis trop vrais lui infpirerent de juftes foupçons contre le Tribunal de Mazamet. Tous les efprits étoient alors dans un moment d'effervefcence qui pouvoit devenir funefte à l'innocence la mieux prouvée. Il ne crut pas devoir s'endormir fur le témoignage de fa confcience , trop foible garant auprès de Juges qu'aveugle un faux zele de Religion.

Il pria Me. Jalabert , fon confeil , d'éclairer la procédure & les démarches de la Juftice de Mazamet. Cet Avocat, inſtruit qu'on n'avoit pas fait ouir les témoins qui avoient vu Sirven ſouper & coucher chez le ſieur d'Eſperandieu la nuit du 15 au 16 Décembre, écrivit à Me. Landes, Juge du Procès (1). Sirven crut devoir parler lui-même à ce Juge, qui pour toute réponſe lui dit, que Trinquier n'avoit pas jugé à propos d'aſſigner les témoins qu'on lui avoit donnés par rôle ; mais que ſi lui Sirven vouloit ſe rendre partie civile, ſa plainte ſeroit accueillie, & qu'il pourroit alors faire entendre lui - même les témoins qu'il voudroit.

Sirven préſente en effet une Requête en plainte le 11 du même mois de Janvier ; le Juge la répondit d'une Ordonnance d'enquis, & cependant permet au Procureur Fiſcal de pourſuivre la procédure par lui commencée. Seize témoins ſont ouis à la requête du pere : mais la cabale qui dirigeoit le ſieur Trinquier voyant que la victime alloit lui échapper, mit tout en œuvre pour faire perdre à Sirven la qualité de partie civile.

L'information faite à Saint - Alby, quoique compoſée de quarante-cinq témoins, c'eſt à-dire

____

(1) La Lettre de Me. Jalabert, Avocat, eſt conçue en ces termes : « Je ſuis ſurpris, mon cher ami, que le ſieur Trin-
» quier, Procureur Juriſdictionnel au ſiege de Mazamet, n'ait
» point fait aſſigner en témoin, dans l'affaire de la fille de Sir
» ven, les domeſtiques de Mr. d'Eſperandieu qui lui ont été
» donnés par rôle, & qu'il n'ait pas fait réaſſigner M. le Vicai-
» re. Tu ſais, auſſi-bien que moi, qu'il eſt de regle d'ouir les
» témoins qui peuvent parler à charge & à décharge. Si le ſieur
» Trinquier ſe refuſe, ce que je ne puis croire, de faire aſſigner
» leſdits témoins, il arriveroit qu'on lui feroit des actes, &
» qu'on s'en plaindroit à M. le Procureur Général, ainſi je te
» prie de lui faire entendre raiſon. J'ai l'honneur d'être, &c.

de tout le Village , ne fourniſſant aucun prétexte
de diriger l'accuſation contre ce malheureux
pere , Trinquier pourſuivit le 15 Janvier une
Ordonnance en permiſſion de faire publier Monitoire. Il eſpéra que cette voie lui procureroit des
preuves, ou du moins quelque indice contre
Sirven ; & comptant déja ſur cette reſſource , il
ne craignit point de requérir par anticipation un
décret au corps contre le peré , la mere & les
enfans ; c'eſt-à-dire que le ſieur Trinquier, dans
l'attente des preuves qu'il ſe promettoit du Monitoire, commença de ſuppoſer le plus incroyable & le plus horrible de tous les crimes. Il ſe
flattoit d'ailleurs que les prétendus coupables étant
une fois déſignés par la Juſtice au moyen d'un décret au corps , les révélans ſe livreroient avec plus
de facilité aux inſpirations du fanatiſme.

Les réquiſitions de ce vengeur public ne firent ,
pour cette fois, aucune impreſſion ſur le Juge ,
qui, le même jour, au contraire (1), faiſant
droit ſur la demande de Sirven , offrit de ſe tranſ-
porter à Caſtres pour recevoir la dépoſition des
témoins que cette partie civile avoit à y faire
ouir. « Il ordonna à cet effet que les Lettres
» ajournatoires ſeroient expédiées pour faire aſſi-
» gner devant lui à Caſtres, le 20 du même mois ,
» tous les témoins que Sirven voudroit adminiſtrer
» dans la procédure commencée à ſa requête.

Juſques - là rien n'annonçoit à Sirven le malheur qui étoit prêt à l'accabler. Raſſuré par cette
derniere Ordonnance du Juge , & plus encore
par le ſentiment de ſon innocence, il ſe rendit
à Caſtres le lendemain 17 Janvier , & pourſuivit

----

(1) Le 16 Janvier 1762.

[25]

devant le Sénéchal une Ordonnance qui accordoit territoire au Juge de Mazamet, pour entendre les temoins.

Le surlendemain 19e., le Greffier *Paris* écrit à Sirven la Lettre suivante. « Monsieur, Mr. Landes » a reçu la Requête & Ordonnance qui lui ac- » corde territoire dans Castres pour continuer vo- » tre information : nous ne ferons faute de nous » rendre sur les lieux indiqués par les Lettres » ajournatoires que je vous remis à Mazamet le » 19 Janvier 1762. signé, P A R I S.

Qui auroit cru que dans ce même moment il y avoit déja un décret au corps contre Sirven, sa femme & ses deux filles ? Etoit-ce un piege con- certé entre le Juge & le Procureur Fiscal ? Etoit- ce le Procureur Fiscal tout seul, & ses fanatiques inspirateurs qui firent écrire le Greffier, afin que Sirven s'endormît avec plus de confiance sur l'es- poir de la prochaine arrivée du Juge à Castres ? Ne cherchons point à pénétrer ces horribles mysteres, & bornons-nous à rendre compte des faits.

Le sieur Trinquier, à qui la voie du Monitoire ne promettoit que des ressources lentes, fit en- tendre à la hâte deux témoins, qui à la vérité n'avoient jamais connu Sirven, & ne pouvoient point par conséquent donner de grandes lumieres sur l'objet de la plainte ; mais qui avoient déja fait leurs preuves de fanatisme dans la Relation ri- dicule qu'ils avoient dressée à Saint-Alby, & chan- gée à Mazamet (1).

-----

(1) Le sieur Gallet, Médecin, avoit écrit quelques jours auparavant à M. le Procureur Général, que depuis peu il s'étoit tenu un Synode de Protestans du côté de la Caune, à cinq lieues de Mazamet, dans lequel on avoit délibéré que les peres pouvoient tuer leurs enfans s'ils vouloient abjurer leur Religion.

Le Médecin Gallet, & le Chirurgien Huffon n'ayant rien à dire contre Sirven, crurent pouvoir révéler à la Juftice des démarches que Me. Jalabert, Avocat de Sirven, avoit fait auprès d'eux pour apprendre le contenu en leur rapport. Ce n'eft point ici le lieu d'examiner ce qu'il peut y avoir de criminel dans ces démarches vraies ou fauffes, & fi dans tous les cas le crime & la honte ne feroient pas du côté des délateurs. Il fuffit de favoir que le Procureur Fifcal crut trouver dans les dépofitions de ces deux témoins des preuves plus que fuffifantes pour requérir un décret au corps contre Me. Jalabert, & pour demander la caffation de la procédure de Sirven.

Voici quel fut le raifonnement de ce vengeur public. Me. Jalabert a voulu favoir le fecret du rapport du Médecin & du Chirurgien, donc Sirven fon client avoit intérêt à connoître ce rapport ; donc il avoit affaffiné ou fait affaffiner fa fille. Me. Jalabert, comme défenfeur de Sirven, ne peut pas dépofer contre fon client ; mais lorfqu'il fera lui-même accufé & décrété, il dira dans fon interrogatoire & pour fa défenfe, ce qu'il ne pourroit pas dire comme témoin.

Fier d'avoir imaginé cet expédient, il fait entendre le fieur Gallet & Huffon. Le Juge reçoit leurs dépofitions, & le même jour il s'enferme avec deux opinans, dont l'un ne donna fon avis qu'à force de menaces (1). Ils laxerent un

***

(1) Vers les cinq heures de l'après-midi le fieur Landes, Juge, avec Me. Aftruc, Juge de la Bruyere, qu'il avoit envoyé chercher, firent appeller dans la maifon de Me Landes Me Boulade, Avocat ancien au fiege de Mazamet ; dès qu'il fut entré dans la chambre, ils lui déclarerent qu'ils l'avoient fait appeller pour décréter Sirven & fa famille ; cet Avocat

décret au corps contre Sirven & fa famille; & un décret d'ajournement contre Me. Jalabert. Le même jour encore le Procureur Fifcal prefente une Requête, dans laquelle il expofe qu'il *a des conclufions à diriger contre le fieur Sirven, & conféquemment ledit fieur Sirven ne peut être accu- fateur & accufé tout enfemble ; il demande d'être reçu oppofant envers l'Ordonnance d'enquis fur- prife par ledit fieur Sirven, & à tout ce qu'en con- féquence peut s'en être enfuivi,* & que le tout foit caffé, *tant par récrimination que par toutes autres voies & moyens de droit, & cependant furfis à la continuation de la procédure de Sirven jufques à ce qu'il en foit autrement ordonné.*

Le Juge ordonna en effet qu'il feroit furfis à la continuation de la procédure de Sirven jufques à ce qu'il en fût autrement ordonné, & pour le fur- plus renvoie la Requête en Jugement.

Ainfi dans le même jour & dans le même mo- ment qu'on laxe un décret au corps contre Sirven, & qu'on furfeoit à la continuation de fa procédure, on lui fait écrire par le Greffier du Siege, qu'on *ne fera faute de fe rendre le lendemain fur les lieux indiqués par les Lettres ajournatoires.* Quel nom donner à un pareil procédé !

Sirven attendoit paifiblement à Caftres l'arri- vée du Juge, lorfque le 20 Janviér il voit entrer dans fa chambre fa femme & la plus jeune de fes filles venant de Saint-Alby, la douleur & la mort peintes fur leurs vifages. Toinette Leger fe pré-

---

leur refufa d'opiner. Alors Me Landes & Aftruc fermerent la porte à clef, en lui difant qu'il failoit qu'il opinât au dé- cret, ou qu'autrement ils s'en plaindroient à Mr. le Pro- cureur Général, ce qui intimida Me Boulade.

cipite dans les bras de fon époux : on vous accufe, dit-elle, d'avoir affaffiné notre fille. Nous fommes décrétés, vous, vos deux filles & moi, la Maréchauffée eft commandée pour venir s'emparer de nos perfonnes.

L'horreur d'une accufation fi atroce infpire d'abord à Sirven la réfolution défefpérée de fe remettre en prifon avec fa femme & fes enfans. Il ne peut pas fe perfuader qu'on l'accufe férieufement d'un parricide ; il penfe que fa femme a cru trop légérement un bruit impofteur. Il exhibe à fa famille & à fes amis la Lettre du Greffier comme une preuve de la fauffeté de ce bruit allarmant. Comment foupçonner le Juge de Mazamet d'une fi noire perfidie ? N'en doutez pas , lui dirent fes amis , tout eft arrangé pour vous tromper & pour vous perdre. Le fanatifme a l'affreux privilege d'employer indifféremment toutes fortes de voies pour arriver à fes fins. Fuyez , vous n'avez rien à attendre que de funefte d'un Tribunal qui offenfe à la fois la majefté de la Juftice & les devoirs de l'honneur. Il eft affreux , fans doute pour l'innocence , d'affecter les terreurs du crime ; mais il eft des momens de vertige & d'ivreffe , pendant lefquels la raifon & la vertu font inutilement entendre leurs voix. Il faut laiffer paffer le torrent, & vous réferver pour des temps plus heureux. Quelle reffource trouverez-vous dans une légiflation qui a tout fait pour l'accufateur & prefque rien pour l'accufé ? Craignez la prévention de vos Juges , craignez la dureté de nos Loix, redoutables à l'innocence même , lorfque le Juge n'eft pas difpofé à adoucir leurs rigueurs (1). Fuyez , le

---

(1) Il y a long-tems que nos Magiftrats gémiffent de la

temps preffe, demain vous ne le pourrez plus.

Ces remontrances de l'amitié allarmée, & plus que tout cela, le fpeÉtacle de fa femme & de fes enfans attachés à fon col, & le preffant, les larmes aux yeux, de dérober fa tête aux fureurs du fanatifme, déterminerent Sirven à partir dans la nuit du 19 au 20 Janvier. La maifon d'un gentilhomme, logé au Fauxbourg de Caftres, fut fon premier afyle. Il s'y refugia avec fa famille, en attendant d'apprendre, avec plus de certitude, ce qui s'étoit paffé à Saint-Alby.

Le lendemain vers les onze heures du matin, un exprès vient lui dire que le Procureur JurifdiÉtionnel, à la tête d'une cohorte d'Huiffiers, s'eft rendu à Saint-Alby pour faire des perquifitions de fa perfonne & de fa famille en exécution du décret de la veille ; que tous fes meubles & effets ont été faifis dans l'après-midi du même jour. Bientôt après il apprend qu'une autre cohorte d'Huiffiers, avec une brigade de la Maréchauffée, faifoient des perquifitions dans la maifon de fon gendre à Caftres & dans d'autres maifons ; qu'on l'avoit affigné à quinzaine & qu'on procédoit à la faifie de fes immeubles.

Il n'y avoit point de fûreté à Caftres pour cette famille infortunée ; ils en fortent à minuit avec un temps horrible ; ils marchent à pied pendant quatre à cinq heures pour arriver à Roquecourbe, qui n'eft cependant qu'à une lieue &

---

dureté de nos Loix criminelles. On pourroit faire fur l'Ordonnance de 1670 un commentaire qui ne reffembleroit guere à ceux qui ont été faits jufqu'à préfent. Quand on a dit que cette Ordonnance étoit un chef-d'œuvre, on n'a pas fongé que la plus cruelle des tyrannies eft la tyrannie des Loix.

demie de Caftres. Quel voyage & quel fpectacle !
une mere âgée de foixante - trois ans, qu'il faut
aider à fe traîner dans des chemins affreux ; une
fille, groffe de trois mois, dont il faut à chaque
inftant foutenir la foibleffe ; la pluie, la boue,
l'obfcurité de la nuit, tout augmentoit l'horreur
de ce tableau.

Sirven paffa la journée du vingt-un à Roquecourbe. Mais ce malheureux pere croyant que fa
femme & fes filles feroient plus en fûreté lorfqu'il
fe fépareroit d'elles, cede au confeil que fes amis
lui donnent de fe choifir un autre afyle. Il s'arra-
che en frémiffant des bras de fa famille. Quels
pleurs arroferent ces triftes adieux ! il part la nuit
du 21 au 22 Janvier pour Cambon, & va fe cacher dans une métairie de la Seigneurie de la Crou-
fere où il n'ofa demeurer que trois jours. De-là
il court fe réfugier dans le Marquifat d'Arifat,
pays montagneux, à quatre lieues de Caftres,
où il fe tint caché jufques à la mi-Mars.

Sa femme & fes deux filles n'oferent refter
que deux jours à Roquecourbe. Elles allerent fe
cacher la nuit du troifieme jour dans une métairie
éloignée d'une petite lieue ; mais elles ne s'y crurent pas long-tems en fûreté : on les fit partir trois
jours après pour fe rendre à la Baronnie de Mon-
redon, à trois lieues de Caftres ; c'eft-là qu'il fallut fe réfoudre à une nouvelle féparation, non moins
douloureufe que la premiere. Perfonne n'ofa recueillir ces trois femmes enfemble, ni garder la
même long-tems. La mere & les deux filles pren-
nent chacune une route différente, & demeurent
cachées dans divers afyles éloignés les uns des autres
de plus d'une lieue.

Les allarmes de Sirven redoublerent vers le
milieu du mois de Mars 1762. Mille nouvelles,

les unes plus accablantes que les autres, parties de Caftres & de Touloufe, l'arracherent de fa retraite, malgré la rigueur de la faifon ; il traverfa les montagnes du Rouergue & du Velay, couvertes de neige, & arriva à Geneve, & dé-là à Laufanne en Suiffe au commencement d'Avril 1762.

Sa femme & fes enfans fe mettent en route quinze jours après. On leur fait faire un circuit très-long pour arriver à Nîmes ; elles traverfent par des chemins impraticables & couverts de neige les montagnes du Rouergue & les Cevennes. Marie-Anne Sirven, dont la groffeffe étoit très-avancée, tomba onze fois de cheval, & fut mille fois fur le point de perdre la vie au milieu des glaces & des rochers. Il eft plus aifé de fentir que de peindre toute l'horreur d'un fi trifte voyage : elles n'arriverent à Laufanne que dans le mois de Juin.

Si quelque chofe pouvoit confoler d'une expatriation humiliante & cruelle, Sirven l'eût été par l'accueil que lui firent les nations étrangeres. Il eût même béni fon infortune, fi elle eût été fans opprobre, puifqu'elle lui avoit fait connoître qu'il exiftoit fur la terre des peuples humains & bienfaifans, auprès defquels le malheur eft le plus refpectable de tous les titres.

La mere & les deux filles fubfifterent à Laufanne de la penfion que leur fit la République de Berne, & Sirven vécut à Geneve du travail de fes mains : un ami de l'humanité effuya leurs larmes, prévint leurs befoins, attira fur eux les regards de l'Europe & les dons de plufieurs Souverains ; & ce qui eft pour Sirven le plus grand des bienfaits, il lui a procuré la douceur & les moyens de revoir fa patrie, & d'implorer la protection des Loix contre l'injuftice du Tribunal de Mazamet.

Quoique la repréſentation de Sirven ait anéanti toute la procedure de contumace, il n'eſt pas hors de propos de parcourir rapidement tout ce qui fut fait à Mazamet après la fuite de Sirven. Rien de plus propre à juſtifier ſa fuite.

Le 20 Janvier 1762, le ſieur Trinquier fit faire les perquiſitions les plus exactes des perſonnes de Sirven & de ſa famille dans le lieu de Saint-Alby & dans la ville de Caſtres, on annota ſes biens, ou pour mieux dire on les livra au pillage.

Le lendemain vingt-un on interroge les Conſuls, décrétés au ſujet du prétendu enlevement du cadavre.

Le même jour l'Official de Lavaur rend ſon Ordonnance pour la publication du Monitoire, ou pour parler plus exactement d'une proſcription ſanguinaire & ſcandaleuſe ſous le nom de Monitoire, proſcription qui arriva toute dreſſée de Toulouſe, & à laquelle on ne fit pas même les changemens qu'exigeoient certaines différences locaales (1).

---

(1) ARTICLE PREMIER. Contre tous ceux qui ſavent, par oui-dire ou autrement, que Demoiſelle Eliſabeth Sirven vouloit renoncer, ou avoit déja renoncé à la Religion prétendue réformée, dans laquelle elle avoit reçu l'éducation ; qu'elle aſſiſtoit ou avoit un grand deſir d'aſſiſter aux Offices Divins célebrés par l'Egliſe Catholique & Romaine; qu'elle devoit faire abjuration après avoir reçu des Paſteurs Catholiques les inſtructions convenables en pareil cas ; contre tous ceux auxquels Eliſabeth Sirven auroit découvert ſa réſolution.

2°. Contre tous ceux qui ſavent, par oui-dire ou autrement, qu'à cauſe de ce changement de croyance Elle. Eliſabeth Sirven étoit menacée, maltraitée, grondée & regardée de mauvais œil dans ſa maiſon & ailleurs; que les perſonnes qui

Le

Le Monitoire n'étoit pas encore publié ni à
Mazamet, ni à Auxillon, ni à St. Pierre de Front-

---

la menaçoient ont dit que si elle faisoit abjuration elle n'auroit
d'autre bourreau qu'eux; que ces mêmes personnes la gar-
doient à vue pour qu'elle ne communiquât avec les Catholiques; que dans cette vue les mêmes personnes l'avoient forcée à quitter la ville de Castres où elle faisoit sa demeure,
& contrainte d'aller rester dans des petits Villages dont les
habitans sont la plupart Protestans.

3°. Contre tous ceux qui savent, par oui-dire ou autrement, que dans certain lieu la mort d'Elisabeth Sirven fut
résolue & conseillée.

4°. Contre tous ceux qui savent, par oui dire ou autrement, que le 15 Décembre 1761, depuis l'entrée de la nuit
jusques vers les deux heures du matin du lendemain, ce noir
dessein fut exécuté en faisant lever du lit Elisabeth Sirven,
pour aller voir qui heurtoit à la porte de sa maison, laquelle
fut surprise, ou de force fut étouffée ou étranglée en lui tor-
dant le col ou autrement, au moyen de quoi elle fut mise
à mort, & de suite jettée dans le puits qui est dans les com-
munaux du lieu de Saint-Alby.

5°. Contre tous ceux qui cette nuit même auront vu entrer
ou sortir de la maison où Elisabeth Sirven faisoit sa résidence,
certaines personnes connues ou inconnues, suspectées ou non
suspectées, ou qui les auront vues à heure indue diriger leur
chemin vers ladite maison, ou paroissant s'en éloigner.

6°. Contre tous ceux qui cette même nuit auront entendu
frapper à la porte de la maison d'Elisabeth Sirven, ou jetter
des pierres à sa fenêtre, ou qui auront entendu du bruit
dans ladite maison, & de suite une voix criant au secours,
à l'assassin, à mort, ah mon Dieu! ah mon Dieu!

7°. Contre tous ceux auxquels Elisabeth Sirven avoit
communiqué les inquiétudes & les mauvais traitemens qu'elle essuyoit dans sa maison, ce qui la rendoit triste & mé-
lancolique.

8°. Contre tous ceux qui savent, par oui-dire ou autrement, qu'Elisabeth Sirven étoit sujette à des vapeurs de folie, de démence ou d'imbécillité.

9°. Contre tous ceux qui savent, par oui-dire ou autrement, qui sont les auteurs, complices, fauteurs, adhe-
rans de la mort d'Elisabeth Sirven.

C

ze [Paroiſſe de Saint Alby] lorſque le Fiſcal en dreſſa un ſecond plus capable encore d'enflammer les eſprits foibles , & de perſuader au peuple qu'il étoit queſtion d'une affaire de Religion. C'eſt à la Cour de décider s'il eſt vrai que les chefs de ces deux Monitoires ſont *conçus en termes généraux* , & ſi , comme l'Ordonnance l'exige , il n'y a perſonne de déſigné.

L'abſence des accuſés laiſſoit le champ libre au fanatiſme du Tribunal ; auſſi en comparant les deux Monitoires on voit que le ſieur Trinquier , l'Official & le Juge , n'ayant plus rien à craindre , travailloient de concert à trouver des calomniateurs & des crimes.

Le ſecond Monitoire enchérit en tout ſur le premier : il ne s'agit plus d'une fille qui veut aſſiſter aux Offices divins , d'une proſélite vacillante , qui n'a que des deſirs vagues de changer de religion , & qu'on reconnoît ſujette *à des vapeurs , de folie ou d'imbécillité.* Le ſecond Monitoire affirme qu'Elizabeth a eſſuyé des mauvais traitemens par rapport à ſon deſir d'aller à l'Egliſe , & d'aſſiſter aux Offices divins ; qu'elle a fait des démarches dans pluſieurs occaſions pour ſe procurer la liberté d'aller aux Inſtructions & d'embraſſer la Religion Romaine. On demande quels ont été les ſuccès & les ſuites de ces démarches ; on fait entendre qu'Eliſabeth ne ſortit de chez les Dames Régentes que pour une maladie ordinaire , & que c'eſt chez ſes parens qu'elle tomba

---

† 10º. Contre tous ceux qui ſavent , par oui-dire ou autrement , quels ſont les auteurs , complices , adhérans , qui la nuit du 5 au 6 Janvier courant, ont enlevé le cadavre d'Eliſabeth Sirven , dépoſé dans la maiſon de ville du lieu de Saint-Alby.

dans un état de vapeurs qui la faisoit croire imbécille ou folle. Que cette fille, entiérement guérie de ses vapeurs, voulut rentrer dans la maison dont elle étoit sortie à cause de sa maladie.

Le second Monitoire ne suppose plus la possibilité du suicide; les révélans sont seulement invités à déclarer qui sont ceux qui ont comploté la mort de cette fille, ont exécuté le complot & ont jetté son cadavre dans un puits.

Le calomniateur suppose, dans l'article premier du Monitoire, que les parens d'Elisabeth, pour éviter de se voir forcés de donner à leur fille la liberté d'aller aux Offices catholiques, quitterent la ville de Castres, & l'emmenerent avec eux dans un lieu où il n'y a ni Prêtres ni Magistrats résidans, & où ils espéroient d'être plus les maîtres de leur fille.

C'est le Procureur Fiscal de Mazamet qui affecte d'ignorer que Saint-Alby n'est qu'à une petite lieue de la résidence du Juge; & qu'il y a des Officiers Municipaux *à qui Elisabeth fut invitée de s'adresser en cas qu'on l'empéchât de suivre les prétendues inspirations de sa conscience* (1).

Le Juge Landes ne craignit point de permettre au Fiscal Trinquier d'obtenir & de faire publier cet indigne Monitoire dont les chefs lui parurent *conçus en termes généraux.*

Après avoir obtenu cette Ordonnance datée du 29 Janvier, le sieur Trinquier se rend à Castres, & le 3 Février suivant il surprend du Sénéchal la permission de faire publier le Monitoire.

Muni de cette double permission, il présente

----

(1) Quatrieme témoin de la confrontation du 2 Octobre 1769.

Requête à l'Official, auquel il expose qu'il s'agit *de cas très-graves, intéressans pour la Religion.*

L'Official, entrant dans les vues fanatiques de l'impétueux Trinquier, invente à son tour une nouvelle formule digne des siecles de Barbarie, & des pays d'Inquisition. Il ordonne « à tous les Curés » du Diocèse d'admonêter de sa part & autorité, » *ostiatim, & nominatim,* tous & chacun de ceux » qui savent quelque chose du contenu esdits chefs » de Monitoire. »

Pendant que l'Official cherchoit à échauffer les têtes, en intéressant la Religion à la découverte d'un crime chimérique, Trinquier faisoit jouer de son côté des ressorts d'un autre ordre pour se procurer des preuves contre l'infortuné Sirven. Il faut lire l'intérogatoire de Me. Jalabert du 29 Janvier 1762, pour voir à quelles épreuves on mit la probité & la délicatesse de cet Avocat. Qui ne seroit révolté, par exemple, d'entendre le Juge de Mazamet demander au Défenseur de Sirven *pourquoi lui, qui fait profession de la Foi Catholique, s'est il chargé de solliciter pour une affaire qui lui est directement opposée ?* Cette étrange question fera sentir mieux que tout ce qu'on pourroit dire, quelles étoient les dispositions du Tribunal où s'instruisoit la procédure de Sirven.

Cependant tous les efforts réunis de Trinquier & de sa cabale, toutes les manœuvres des Dames Régentes & de leurs pieux Directeurs, ne procurerent au Fiscal que de stériles dépositions. On arracha, il est vrai, à certaines dévotes imbécilles, quelques contes ridicules sur les prétendues vexations domestiques essuyées par Elisabeth, & sur sa vocation pour le Catholicisme. Mais il y a loin de là à une preuve de parricide.

Le sieur Trinquier sut le sentir, & craignant

d'être un jour la victime d'un zele qu'il pouſſoit trop loin, il engagea les Conſuls de Mazamet à prendre ſon fait & cauſe. On voit qu'ils vinrent à ſon ſecours dans une Requête qu'ils préſenterent à la Cour le 12 Février 1762, pour demander territoire.

Le 3 Mars ſuivant il requit la jonction des trois procédures, & qu'il fût ordonné que le récollement vaudroit confrontation à l'égard des contumax. Le 7 il fait publier un troiſiéme Monitoire, relativement au prétendu enlévement du cadavre. Le 20 Sentence ſur la forme de procéder. Le 26 Appointemens ſur ſes requiſitions, portant qu'il ſeroit procédé à la répétition des Témoins révélans.

En conſéquence le Juge ſe tranſporte à Saint-Alby, à Auxillon, à Caſtres, à Cauçalieres & à Mazamet. Le mois d'Avril, de Mai & partie du mois de Juin furent employés à ces courſes. Me. Landes procéda, pendant le mois de Juin, à quelques recollemens de Témoins. Il joignit les procédures par Appointement du 28 Juillet ſuivant. Depuis ce jour juſqu'au mois de Février 1763, il n'y eut d'autre procédure que la confrontation de cinq Témoins, faite à Me. Jalabert le 18 Août 1762 & aux Conſuls le 14 Octobre ſuivant.

Enfin, le 18 Février 1763, on procéda à la réſumption du Médecin & du Chirurgien, après quoi le Tribunal de Mazamet ſe repoſa juſqu'au 9 Février de l'année ſuivante 1764.

Ce fut alors que le redoutable Fiſcal ſe réveilla pour donner ſes concluſions définitives. Il n'eſt pas beſoin de dire quel Jugement il oſa provoquer. Ses requiſitions furent dictées par le fanatiſme ; c'eſt dire aſſez ce qu'elles contenoient. Il faudroit les qualifier d'abſurdes, ſi elles n'étoient atroces. Sans preuve, fans apparence de preuve, & qui plus eft, avec la preuve la plus complette de l'*alibi* de Sirven, ce miférable Marchand ne craint pas de requérir que Sirven, fa femme & fes deux filles foient *dé-clarés atteints & convaincus du crime de parricide.*

Non moins inconféquent que barbare, loin de réquérir la même peine contre des accufés égale-ment convaincus du même crime, après avoir con-clu à la roue contre le pere, à la potence contre la mere, il fe contente de demander contre les filles un banniffement hors de le Ville & Jurifdiction de Mazamet, où elles n'ont ni fonds ni domicille. En forte qu'au Jugement de ce zélé vengeur pu-blic, des filles atteintes & convaincues d'avoir affaffiné leur fœur, devoient n'être condamnées qu'à ne plus paroître dans la Jurifdiction de Maza-met, ce qui leur laiffoit la liberté de vivre paifi-blement à Caftres, leur patrie, & même à quatre pas de Saint-Alby, lieu du prétendu délit. (1)

Il conclut à une admonition & à une interdic-tion pour fix mois contre Me. Jalabert, Avocat de Sirven, & contre les deux Confuls de Saint-Alby, Galiber & Averoux, qui depuis long-temps n'é-toient plus en charge. Il requiert enfin un décret au corps contre Pierre Averoux, Pierre Galinier, Jean Bouffard, Pierre Gaillard, le fieur Lades & le fieur Montredon.

Plus d'un mois s'écoule depuis ces conclufions fanguinaires fans que le Juge de Mazamet, malgré les vives inftances du Fifcal & de fa cabale, puiffe fe réfoudre à prononcer un Jugement de mort con-

---

(1) Il y a des maifons à cinq cent pas de Saint-Alby, qui font hors de la Jurifdiction de Mazamet. Il y a même une maifon aux environs de Mazamet & hors de cette Jurifdi-ction, qui n'eft qu'à cent pas de la place publique.

tre une famille dont l'innocence étoit écrite à chaque ligne de la procédure.

On réuſſit enfin à lui perſuader qu'il s'étoit trop
avancé pour reculer ; que l'intérêt de ſa propre
gloire demandoit de lui, qu'il éloignât pour jamais des accuſés, qui, s'ils revenoient un jour
purger leur contumace, couvriroient de confuſion
& d'opprobre le Tribunal qui les avoit pourſuivis
avec tant de chaleur. On lui fit croire que Sirven
effrayé par un Jugement de mort, incertain de la
force des preuves que le fanaſtiſme auroit pu procurer contre lui, n'auroit jamais le courage de venir demander un Jugement contradictoire. Ainſi le
glaive de la Juſtice fut levé cette fois, non pour
punir des coupables, mais pour porter la terreur
dans des cœurs innocens.

Les Conſuls prêtent l'interrogatoire le 27 Mars
1764 ; le lendemain Me. Jalabert eſt interrogé derriere la barre ; le 29 on laxe des décrets au corps
contre Averoux & autres. Le même jour & dans la
même matinée fut rendue la Sentence de contumace, monument éternel d'ignominie pour le Juge de
Mazamet. Il y avoit à lire les dépoſitions, la plûpart très-longues, de cent quatre-vingt-ſept Témoins, ſans y comprendre ceux qui furent entendus
pour le fait du prétendu enlevement du cadavre, &
ceux qui l'avoient été à la Requête de Sirven ; il y
avoir quatre décrétés de priſe de corps, un d'a-
journement perſonnel, & deux d'un ſoit-oui. Il
falloit examiner une inſtruction ſur le prétendu enlévement du cadavre, trois Monitoires, les récol-
lemens de ce nombre prodigieux de Témoins,
l'inſtruction faite contre Me. Jalabert, le rapport
des Médecin & Chirurgien, les concluſions diri-
gées contre le Procureur Fiſcal perſonnellement,
des demandes civiles formées par des créanciers de

Sirven ; tout cela fut expédié dans une matinée ; qui pourroit à peine suffire pour une lecture rapide du quart de la procédure.

Aussi Me. Landes se garda bien d'inviter des Avocats ou des Juges de Castres à monter avec lui sur le Tribunal ; il s'associa deux Juges de deux petites Justices des environs, non moins fanatiques que lui : il leur fit le rapport qu'il voulut, & ils souscrivirent aveuglément au Jugement atroce qui étoit déja tout dressé.

La contumace est déclarée bien instruite ; Pierre-Paul Sirven, & Toinette Leger, sa femme, sont déclarés *duement atteints & convaincus du crime de parricide*, pour réparation duquel cependant ils ne sont condamnés qu'à être pendus ; Jeanne Sirven & sa sœur, sont déclarées *atteintes & convaincues & complices dudit crime de parricide, dont elles sont accusées*, pour réparation duquel elles sont *condamnées d'être présentes à l'exécution de leur pere & mere, après quoi bannies à perpétuité de la Ville & Jurisdiction dudit Mazamet* . . . . . . *& sera la présente Sentence exécutée contre ledit Pierre - Paul Sirven, ladite Toinette Leger & ses filles, par effigie, & plus bas taxé pour le rapport GRATIS PRO RE PUBLICA.*

Telle est la Sentence du 29 Mars 1764, assemblage monstrueux de barbarie & de foiblesse. Egalement injustes envers la nature, soit lorsqu'ils supposent sans preuve un crime qui la déshonore, soit lorsqu'ils croient la venger par une peine ordinaire, les Juges de Mazamet ont appris eux-même à suspecter le principe de leur Jugement : la Justice ne connoît point ces ménagemens contradictoires ; lorsqu'elle prononce le crime, elle inflige la peine qui lui est dûe ; le fanatisme seul a le droit de se contredire & de se décrier par ses propres fureurs.

Le temps de l'ivreſſe populaire étoit paſſé ; auſſi ce Jugement abſurde & ſanguinaire reçut du public l'accueil qu'il méritoit. Pluſieurs mois s'écoulerent ſans qu'on oſât le mettre à exécution. Une Ordonnance délibérée de la Cour du 15 Mai avoit permis l'exécution figurative ; cependant on n'oſa y procéder que le 11 Septembre ſuivant.

Sirven fut inſtruit en Suiſſe, dans le mois d'Avril 1765 du Jugement de Mazamet. Il perdit quelque temps après une épouſe chérie, dont la conſtance n'avoit pu ſuffire à des épreuves ſi longues & ſi cruelles. Son ame flétrie par la douleur appelloit depuis long-tomps la mort à ſon ſecours. Accablé lui-même par tant de coups redoublés, Sirven eût infailliblement ſuccombé ſous le poids de ſon infortune, s'il n'eût été ſoutenu par l'eſpérance de venger un jour la mémoiree d'une épouſe ſi chere, & de rendre à ſes enfans leur patrie & leur honneur.

Enfin, ne pouvant plus ſupporter l'horreur d'une expatriation ignomineuſe, il prit le parti de revenir en France, & de connoître, au péril de ſa tête, le ſecret des charges, ſans expoſer ſes enfans au même danger. L'amour paternel ſi cruellement outragé dans ſon cœur, ſe conſoloit d'avance, & ſe croyoit vengé par le projet de ce ſacrifice.

Quelque juſte terreur que dût lui inſpirer la vûe d'un Tribunal qui l'avoit traité avec tant de barbarie, quelque effrayante que dût lui paroître une Procédure dirigée par le fanatiſme, Sirven ne voulut plus différer ſon retour. Il oſa croire qu'il n'exiſtoit point dans ſa patrie, des ames aſſez lâches, aſſez atroces, pour l'avoir chargé dans leurs dépoſitions d'un crime ſi étranger à ſon cœur. Il ne tarda point à s'aſſurer qu'il avoit plus à craindre des diſpoſitions du Tribunal, que de l'état de la Procédure.

Il se remit dans les prisons de Mazamet le 31 Août 1769. Sa présence fut un coup de foudre pour Me. Landes, qui se souvint alors qu'il étoit parent d'un des accusés, & que par conséquent la loi lui défendoit d'être Juge. Il s'abstint de lui-même & descendit du Tribunal, mais pour y mettre à sa place Me. Astruc, Juge de Labruyere, étranger au Siége, & qu'il fit venir d'une grosse lieue, quoiqu'il y eût à Mazamet des Gradués & des Postulans. Cette préférence lui étoit dûe comme associé de Me. Landes dans tout le cours de la Procédure.

Sirven fut interrogé pour la premiere fois le 2 Septembre 1769, & le 16 du même mois le Juge ordonna la Procédure extraordinaire. Cependant on ne fit signifier l'Ordonnance à Sirven que le 2 Octobre suivant : il y avoit près de deux cens témoins confrontables, & l'on n'en voulut présenter que quarante-quatre à l'accusé. Il eut beau faire des réquisitions & des protestations, pour qu'on le confrontât à un grand nombre d'autres qui auroient pu donner des éclaircissemens utiles sur des faits importans. Les actes de déni de Justice (1) ne servirent de rien à Sirven. Trinquier se prévalut à propos dans ses réponses, de l'inflexible rigueur de nos loix criminelles (2). Mais en même temps qu'il refusoit

____

(1) Les 2 Octobre, 3, 4, 9, 13, & 15 Novembre 1769.

(2) L'Accusateur fait entendre autant de Témoins qu'il veut, & il est le maître encore de soustraire à l'épreuve de la confrontation ceux qu'il juge à propos. Il lui suffit, pour cela, d'alléguer qu'ils ne font point charge. Ainsi l'accusé ne jouit qu'imparfaitement de la ressource de la confrontation, la seule que la Loi lui laisse. Il est vrai que les Témoins, non confrontés ne font point preuve contre lui ; mais l'équité naturelle demanderoit qu'un témoin, une fois produit par l'accusateur, fut irrévocablement acquis à l'accusé, & qu'a-

d'affigner les témoins vivans , ce zélé défenfeur public requit la confrontation littérale de fix témoins
décédés , à qui Sirven ne pouvoit pas faire par conféquent des interpellations. Cette partialité ne doit
point étonner de la part de ce Fifcal , fi peu fait
pour connoître & pour pratiquer les devoirs de fon
miniftere.

On ne parlera point ici de la maniere dont Sirven
a été traité pendant le cours de l'inftruction : il
fuffira de dire qu'il eut befoin d'implorer des ordres fuperieurs pour obtenir un Confeil & la liberté
de lui parler (1) , & qu'après la confrontation du
fieur Sers , premier témoin confronté , le Juge
ne voulut point permettre que Sirven interpellât
les autres. (2) Vainement il invoqua les plus fain-
tes maximes du droit naturel ; le Juge lui répondit qu'il ne pouvoit point *en confcience* lui permettre d'interpeller les témoins , & que s'il l'avoit
permis à l'égard du fieur Sers , c'eft par égard pour
cet Officier. Ainfi finit la premiere journée de la
confrontarion.

Sirven de retour dans fa prifon ne pouvoit pas
revenir de l'étonnement que lui avoit caufé la réponfe du Juge. Quoique peu verfé dans les affaires ,
il ne croyoit point poffible que la confcience du
Juge fût intéreffée à intercepter la défenfe d'un accufé. Abymé dans ces triftes penfées , il réfolut ,
aux rifques de languir plus long-temps dans les pri-
fons , de ne fe préfenter à la confrontation , que

---

près avoir couru les rifques d'une dépofition calomnieufe,
il fût toujours reçu à interroger les Témoins à fa décharge.

(1) Acte expofitif du 11 Octobre 1769.

(2) Le deuxieme & le troifieme Témoins ne furent point
interpellés , & Sirven fut réduit à prendre une tournure
particuliere qui pût fuppléer à l'interpellation.

[44]

lorfqu'il feroit parvenu à obtenir un confeil qui pût l'éclairer fur cette matiere. Il dreffa en conféquence un acte de proteftation qu'il fe propofoit de notifier lui-même au Juge.

Appellé le lendemain pour être confronté au quatrieme témoin, il déclara à Me. Aftruc, que s'il refufoit d'inrerpeller les témoins, il n'avoit qu'à fufpendre les confrontations jufqu'à ce qu'il feroit inftruit de ce qu'il avoit à faire à cet égard. Le Juge perfiftoit dans fon fyftême ; mais lorfqu'il vit que Sirven avoit en main un acte tout dreffé & qu'il vouloit le dicter au Greffier, il fit quelques tours dans la Salle de l'Auditoire d'un air penfif, après quoi il dit à Sirven qu'il feroit les interpellations qui feroient requifes.

La confrontation dura jufques au 14 Novembre 1769. Le lendemain, quinzieme, Sirven préfenta Requête, pour demander de plus fort que le Procureur Fifcal fût tenu de lui faire repréfenter tous les témoins ouis dans les Informations. Cette Requête fut répondue d'une Ordonnance de Soit-communiqué au Procureur Fifcal, qui dit ne pouvoir répondre que le lendemain, ce qu'il fit en quatre pages. Il donna enfuite, & le même jour, fes conclufions définitives dans lefquelles il ne voulut point fe démentir. La plus cruelle vengeance qu'on puiffe en tirer, c'eft de les tranfcrire.

» Nous requérons, l'accufé *duement atteint & con-*
» *vaincu du parricide*, pour réparation, qu'il foit
» banni pour dix ans de la Ville & Jurifdiction de
» Mazamet, à lui enjoint de garder fon ban fous
» les peines portées par les Ordonnances ; le con-
» damner en outre en mille livres d'amende envers
» le Seigneur. Fait au Parquet, le 26 Novembre
» 1769. *Signé*, TRINQUIER, Procureur Fifcal

Il eft inutile de faire remarquer la fingularité

de ces conclusions : le Fiscal de Mazamet a une étrange idée du crime de parricide, s'il le croit suf-fisamment puni par un bannissement à temps.

Le même jour & dans le même matin, on procéda à l'interrogatoire de Sirven sur la sellette, & l'on rendit la Sentence définitive conçue en ces termes : „ avons mis les Parties hors d'Instance, & „ ordonné que ledit Sirven, accusé, sera élargi des „ prisons où il est détenu ; à quoi faire, le Geolier „ contraint par corps, & moyennant ce valable-„ ment déchargé : ce faisant, avons donné audit „ Sirven main-levée des biens, meubles & immeu-„ bles à lui saisis & annotés, à la remise desquels „ tous Séquestres & Dépositaires seront contraints „ par les voies de droit & par corps.

Cette Sentence fut prononcée le même jour à Sirven, qui s'en déclara sur le champ appellant en la Cour. Il réitéra le lendemain cette déclaration à la marge de son écrou.

Dans cet état, Sirven demande qu'il plaise à la Cour, disant droit sur son appel, cassant ou réformant la Sentence du Juge de Mazamet, du 16 Novembre 1769, le relaxer de l'accusation calomnieuse contre lui intentée, & condamner les Adversaires à lui payer la somme de 20000 livres pour lui tenir lieu de dommages & intérêts.

QUOIQU'EN matiere criminelle les nullités tiennent lieu de moyens d'appel, Sirven est trop impatient de présenter les preuves de son innocence, pour s'occuper des vices de la Procédure. Il se réfere sur ce point à l'Ecrit fourni en la Cour pour la mémoire de son épouse, & mettant à l'écart tout ce qui a rapport à la forme, il se hâte d'en venir au fonds.

Il est pour tout accusé deux moyens de parvenir

nir au relaxe ; l'un pris du défaut de preuves , fuivant la maxime *actore non probante , reus abfolvitur* : maxime fi religieufement obfervée en matiere civile , & qui devroit l'être furtout en matiere criminelle , puifque aux yeux de la Juftice une accufation non juftifiée ne differe pas d'une accufation calomnieufe.

Un autre moyen , que peu d'accufés peuvent invoquer , graces à la dureté de notre légiflation criminelle , eft celui qu'on prend des faits juftificatifs établis par la procédure. Plus ce moyen de relaxe eft difficile & rare , plus il doit faire impreffion fur des Juges équitables. Quelle innocence moins équivoque que celle qui non-feulement a triomphé d'une Inftruction rigoureufe , mais qui fe trouve encore écrite dans les dépofitions provoquées par l'accufateur !

Sirven réunit le double avantage & d'une juftification directe , puifée dans le fein de l'Inftruction préparée contre lui , & d'une juftification négative , prife du défaut de preuves. C'eft le partage naturel de fa défenfe.

§. PREMIER.

Preuves directes de l'innocence de Sirven.

LA Procédure renferme une preuve complete de la foibleffe d'efprit d'Elifabeth , de la tendreffe & de la prédilection de fon pere pour elle , de la tolérance de ce dernir & de fon *alibi*. Cette preuve eft corroborée par le fentiment du public dans les premiers momens du malheur de cette famille , & par les circonftances particulieres de ce malheur.

I.

Foiblesse d'esprit d'Elisabeth Sirven.

IL est prouvé que même avant d'entrer chez les Dames Régentes , Elisabeth Sirven étoit d'un esprit *borné & timide* (1); mais ce fut principalement dans cette Maison Religieuse que la foiblesse de son esprit se manifesta par des écarts qui approchoient fort de la démence. Toute la Procédure est pleine de cette triste vérité.

Les Dames Régentes, qu'on ne peut pas soupçonner de vouloir favoriser Sirven , déposent cependant, ,, que dès les premiers momens elles ,, s'apperçurent qu'il y avoit quelque dérange- ,, ment dans sa tête ; & pendant tout le temps ,, qu'elle fut dans leur maison , elle leur donna ,, par intervalles des traits de folie ou d'imbécil- ,, lité , tant la nuit que le jour ; . . . . qu'enfin ,, l'ayant toujours vue dans le même état , elles ,, auroient pris le parti de la remettre à ses parens ; ,, ce qu'elles firent par ordre du Seigneur Evê- ,, que. (2)

Ces faits sont attestés par six Dames Régentes, dont les dépositions sont si parfaitement d'accord entre elles , qu'il n'y a pas une syllabe de plus dans l'une que dans l'autre. Si l'on veut savoir la cause de cette étonnante uniformité , on n'a qu'à lire la confrontation de la Dame de Saint-Martin (quarante-troisieme témoin confronté) qui raconte fort naïvement , *qu'une des Sœurs écrivit la*

---

(1) Trente-quatrieme Témoin confronté.
(2) 48 , 52 , 53 , 57 , 58 & cinquante-neuvieme témoins de l'information de Castres.

révélation , & que toutes la signerent unanimément comme étant la pure vériré. Les Pensionnaires , à l'exemple dès Régentes , se sont aussi copiées mot à mot. Elles répétent l'une après l'autre ,, qu'Eli- ,, sabeth leur paroissoit de tems en tems imbécille, ,, & que dans d'autres elle raisonnoit & soutenoit ,, sa démarche vers la Religion Catholique. (1)

Sur quinze Pensionnaires qui avoient déposé à Castres , le prudent Trinquier n'a osé en présenter que deux à l'épreuve de là confrontation. En vain l'accusé fait des actes pour demander d'être confronté aux treize autres. Ses requisitions ne sont pas écoutées : le Fiscal n'expose que les deux dont il se croyoit le plus assuré ; & ce ne fut qu'après une longue préparation qu'elles furent présentées à Sirven. Cependant comme on ne pouvoit pas prévoir toutes les interpellations qui leur seroient faites , elles ont été forcées de s'écarter sur certains points de la leçon écrite qu'on leur avoit fourni.

La Demoiselle Dubois [2] , l'une de ces Pensionnaires , convient dans la confrontation que pendant le séjour qu'Elisabeth fit chez les Régentes , *elle avoit entendu dire à la fille de l'accusé qu'elle communiquoit avec les Anges , & qu'on l'enferma dans une chambre à cause de sa démence ou imbécillité.*

***

(1) 65, 68, 71, 72, 73, 74, 75, 76, 77, 78, 79, 81, 82, 83 & quatre vingt-quatrieme Témoins de la même information ; l'une de ces Pensionnaires interpellée dans la confrontation , si elle même a fait & dressé la révélation , ou si ce sont les Dames Régentes , ou quelle des Pensionnaires l'a fait , elle répond qu'elle n'est pas mémorative qui l'a faite ni écrite. Trente-sixieme Témoin confronté.

(2) Trente-cinquieme témoin confronté.

La

[49]

La Demoifelle Combeguille (1) fe borne à affirmer qu'elle a entendu dire ces chofes-là dans la
claffe. Le même fait eft avoué par les Dames *de
Saint-Martin & de Saint-Sauveur*, Régentes [2].
Celle-ci répondant aux interpellations de Sirven,
convient « que dans le tems d'imbécillité de la fille
» de l'accufé chez elles, elle fe déshabilla une fois ;
» qu'elle, témoin, vit, difant qu'elle vouloit pren-
» dre la difcipline ; & qu'elle a entendu dire que
» la fille de l'accufé difoit qu'elle communiquoit
» avec les Anges, ne le fachant pas bien. Cette
» Dame convient de plus, qu'on mena la fille de
» l'accufé chez le Seigneur Evêque, pour voir fi
» ce qu'elle faifoit étoit par imbécillité ou par
» malice ; que M. l'Evêque la gronda, & de-
» manda grace ».

La Dame de Saint-Sauveur ajoute : » qu'à caufe
» de l'imbécillité ou folie, on la mit dans la cham-
» bre de la fervante, un jour que la Dame, témoin,
» l'y vit ».

Interpellée s'il n'eft vrai qu'on faifoit donner la difcipline à cette fille, elle répond » qu'elle ne fait pas
» que Madame la Chaife, Supérieure, ni aucune
» Dame de la Communauté, ayent fait adminiftrer
» la difcipline à la fille de l'accufé ; & qu'il peut fe
» faire fort bien que ladite fille étant dans la cham-
» bre de leur fervante le jour des imbécillités, la
» demandant à la fervante, elle peut lui en avoir
» donné un coup ; qu'elle ne fe rappelle point quel
» genre de folie avoit la fille de l'accufé, que ceux
» qu'elle a dit, comme d'avoir communication
» avec les Anges, d'avoir quitté la vefte pour fe faire
» donner la difcipline en demandant d'être Catho-
» lique ».

____

(1) Trente fixeme témoin confronté.
(2) Quarante deuxieme témoin confronté.

D

[50]

La Dame Saint-Martin (1), interpellée s'il n'est
vrai « que la fille de l'accufé alloit fe mettre à ge-
» noux devant la Dame, témoin, ou les autres
» Dames, leur difant de lui bailler la difcipline,
» qu'elle fe feroit Catholique, & que fadite fille fe
» déshabilloit pour la recevoir; répond, qu'elle a
» vu une fois la fille de l'accufé à genoux dans le
» temps que ladite Dame alloit fe mettre à table,
» laquelle fille de l'accufé lui dit qu'elle ne fe leve-
» roit point que Madame la Supérieure ne lui eût
» donné pénitence; ne fachant pas que les autres
» Régentes, ni elle qui répond, ayent jamais donné
» la difcipline à la fille dudit accufé, ne fe fervant
» pas d'ailleurs de pareil inftrument; ayant oui-dire
» que leur fervante, à force de perfécutions, que la
» fille de l'accufé demandoit la difcipline, elle lui
» en donna un coup, de quoi la fille de l'accufé fe
» récria, & dit qu'elle n'en vouloit plus; répond
» qu'elle a oui - dire en Communauté que la fille de
» l'accufé s'étoit déshabillée dans la chambre de
» Madame Saint - Jofeph, malade, qui- n'a pu
» obéir à l'affignation, & que ladite Dame eut
» grand peur de la voir dans cet état dans fa cham-
» bre ».

La Cour, qui aura fous les yeux les réponfes de
ces bonnes Religieufes, verra avec quelle dextérité
elles favent fe démêler des interpellations qui les
embarraffent; avec quelle adreffe elles éludent la
religion du ferment, avouant une partie des faits,
cachant l'autre, & pactifant ainfi avec leur confcience de la maniere la plus induftrieufe. Les aveux
qui leur font échappés fuffifent cependant pour faire
connoître l'état d'Elifabeth. Quelle force ne doivent
point avoir des vérités arrachées par Sirven des bou-

---

(1) Quarante-troifieme Témoin confronté.

[51]

ches mêmes de ſes délatrices : car ce ſont les Dames Régentes qui le dénoncerent & le firent dénon-
cer à M. l'Intendant (1) ; ce ſont elles encore qui le
pourſuivirent juſques à Saint-Alby (2) ; ce ſont elles

---

(1) *Les Dames Régentes* « dépoſent qu'environ ſix mois après
» ſa ſortie (d'Eliſabeth Sirven) de leur Communauté, qu'elle
» vint les voir & leur demanda avec inſtance de la reprendre
» ou lui procurer la liberté de profeſſer la Religion Catholi-
» que, qu'elles la reçuſſent de nouveau ; mais n'ayant pas
» d'ordre pour cela , elles prierent M. l'Abbé de Barral de
» vouloir s'intéreſſer auprès de M. l'Intendant pour faire don-
» ner un ordre audit ſieur Sirven, ſon pere, pour qu'il lui
» donnât cette liberté , & ledit ſieur donna ſes ordres pour
» cet effet, (48, 52, 53, 57, 58 & 59 Témoins de l'informa-
» tion de Caſtres) ». Sirven a reproché la Dame Saint-Martin, comme ſa délatrice, & elle n'a point nié le reproche ;
voyez 43 confront. « Dlle. *Eliſabeth Auger*, dit qu'elle parla
» au Pere Perier (Jéſuite) , & lui promit de lui mener ladite
» Sirven, ce qu'elle fit pendant deux fois ; que le Pere lui pro-
» mit de parler de nouveau à M. de Barral , & lui dit qu'il
» falloit écrire à M. l'Intendant, qu'elle le pria de le faire, (60
» Témoin de l'inform. de Caſtres) » Meſſire Pierre-Alexan-
dre de Barral, Doyen de Cayrac, Vicaire-Général du Dioceſe de Caſtres, « qu'il y a dix à onze mois que la Supérieu-
» re des Dames Noires vint le trouver, & lui dit que la nom-
» mée Sirven, dont il avoit entendu parler, étant venue quel-
» quefois, qu'elle deſiroit fort d'être Catholique ; mais que
» ſon pere ne vouloit pas la laiſſer ſortir, la Dame la Chaiſe
» ou le Subdélegué lui dit qu'on avoit écrit à M. l'Intendant,
» qui envoya ordre pour que le pere eût à laiſſer à ſa fille la
» liberté d'aller aux Dames Noires ». ſoixante-dixieme Témoin de l'information de Caſtres.

(2) L'Abbé de Barral dépoſe « qu'il apprit, par M. Sers,
» ou par la Supérieure des Dames Noires, que le pere ayant
» amené ſa fille, s'étoit changé dans le Dioceſe de Lavaur, dans
» une Paroiſſe près Mazamet, & qu'on écrivit à l'Evêque
» de Lavaur, pour faire procurer la liberté à cette fille.

Le ſieur Sers ajoute de ſon côté, « que c'eſt ce qui le déter-
» mina d'*écrire à M. Longard, Curé d'Auxillon*, duquel dépend

[52]

enfin qui pouſſoient le Fiſcal de Mazamet , & qui
étoient à la tête de la cabale (1).

Quand on connoît le goût de ces Dames pour les
converſions difficiles, on croira ſans peine que l'état
d'Eliſabeth devoit être bien critique , puiſqu'elles ſe
déciderent elles-mêmes à perdre le fruit de leur zele
en la renvoyant à ſes parens. La ſortie d'Eliſabeth
en dit plus que les dépoſitions combinées des Dames Régentes. Mais voici des atteſtations auſſi peu
ſuſpectes du malheureux état d'Eliſabeth.

La Demoiſelle de Barral (2) dépoſe *qu'elle a vu
cette Eliſabeth Sirven, il y a eu une année l'Eté dernier , dans l'appartement qu'elle occupoit à l'Evêché
de Caſtres , & que dans ce temps-là elle lui a paru
n'être pas à elle ; qu'elle étoit préſente lorſque M.
l'Evêque , ſon frere , donna ordre qu'on la rendît à ſa
mere , & que ce qui le détermina à cette démarche ,
c'eſt que cette fille ne paroiſſoit pas ſouvent dans ſon
bon ſens.*

» la Paroiſſe de Saint Alby, pour le prier de prendre connoiſ-
» ſance de l'état de la fille de Sirven, & de faire obſerver, par
» quelque perſonne de confiance , ſi on la maltraitoit dans la
» famille pour cauſe de Religion. Le dépoſant fit part de ſes
» démarches à M. l'Abbé de Barral.... le dépoſant inſtruiſit
» auſſi M. l'Intendant de ce qui s'étoit paſſé, & il lui marqua
» par ſa réponſe qu'il convenoit d'en inſtruire M. l'Evêque
» de Lavaur, afin qu'il fît veiller ſur ladite fille de Sirven &
» ſur la conduite du pere...... ; ce fut alors que le dépoſant
» adreſſa un Mémoire à M. Blanquet , Vicaire Général de
» M. L'Evêque de Lavaur, pour lui en donner connoiſſance,
» ſelon les deſirs de l'Intendant, de tout ce qui s'étoit paſſé
» en cette ville de Caſtres, & des différens ordres qui avoient
» été donnés concernant ladite Eliſabeth Sirven.

(1) On en voit une nouvelle preuve dans l'exacte confor-
mité qu'on trouve entre les calomnies préſentées à l'Intendant , & les chefs de Monitoire articulés par Trinquier.

(2) Soixante-neuvieme Témoin de l'inform: de Caſtres.

L'Abbé de Barral (1) dépofe » avoir oui - dire à
» M. l'Evêque, que cette fille ayant été mife chez les
» Dames Régentes pour y être élevée dans la Reli-
» gion Catholique, elle eut pendant tout le temps
» des attaques qui paroiffoient aliénation d'efprit,
» qui obligerent de la rendre a fes parens «.

Le Sieur Sers (2) dépofe « qu'après avoir pris des
» éclairciffemens particuliers, tant avec la Supé-
» rieure des Dames Noires qu'avec d'autres perfon-
» nes, le réfultat fut que, dans le vrai, cette fille
» avoit eu une maladie chez les Dames Noires qui
» avoit troublé fon efprit & fon imagination, & lui
» avoit fait faire certaines folies. Mais il fut en mê-
» me temps prétendu qu'elle étoit parfaitement gué-
» rie . . . . . . Cependant la Supérieure des Dames
» Noires fit difficulté de la reprendre de nouveau ».

Jeanne Barric, (3) « dit qu'Elifabeth Sirven
» avoit été mife, de l'ordre de M. l'Evêque, chez
» les Dames Régentes, & qu'elle y faifoit des traits
» de folie & d'imbécillité ».

Jeanne Cavel 4) » qu'elle a entendu dire qu'elle
» portoit au lit un habit à pli de corps à caufe de fes
» ordures ».

Jean Vieu (5) « que lorfque la fille de l'Accufé
» fortit de chez les Dames Régentes de Caftres, où
» M. l'Evêque de Caftres l'avoit fait placer, il re-
» connut qu'elle étoit un peu légere, & qu'on la lui
» rendit à caufe de fon imbécillité.

Demoifelle Marie-Anne Mijoule (6) avoue » que

---

(1) Soixante-dixieme Témoin de la même information.
(2) Quatre-vingtieme Témoin de la même information.
(3) Vingt-huitieme Témoin confronté.
(4) Trentieme Témoin confronté.
(5) Vingt-deuxieme Témoin confronté.
(6) Vingt-quatrieme témoin confronté.

,, la fille de l'accusé fut mise chez les Régentes par
,, ordre & sous la protection de M. l'Evêque ; que
,, dès que la fille de l'accusé fut chez les Régentes,
,, & pendant qu'elle y resta, elle l'a vue troublée ;
,, que cette fille ne vouloit lui rien dire, & que cela
,, augmenta si fort qu'elle fut attaquée d'un état
,, de folie, de démence & d'imbécillité, qui fut
,, cause que ledit Seigneur Evêque la fit rendre à
,, ses parens, & qu'on l'avoit enfermée dans une
,, chambre ».

Magdelaine Delile (1) « a entendu dire que la
,, fille de l'accusé avoit été mise aux Dames Ré-
,, gentes de l'ordre de M. l'Evêque, & qu'elle a
,, entendu dire qu'elle se déshabilloit quelquefois
,, toute nue ».

Jeanne Delile, (2) « a entendu dire que ladite
,, fille de l'accusé avoit été mise chez les Régentes,
,, d'ordre, & sous la protection de M. l'Evêque,
,, & qu'elle a entendu dire que ladite fille de l'ac-
,, cusé y étoit tombée en démence, qu'elle y fai-
,, soit des traits de folie, le mettant en corps de
,, chemise ».

Demoiselle Jeanne Dumas, (3) " qu'elle tomba
,, chez les Régentes dans l'état de démence, de fo-
,, lie & d'imbécillité ; qu'à cause de ce, on la ren-
,, dit à ses parens, qui furent contraints de l'enfer-
,, mer dans une chambre ».

Le Révérend Pere Perier, Jésuite, (4) « qu'il a
,, oui - dire aux Dames Régentes, que cette fille
,, avoit d'abord agi pour entrer dans leur Maison....
,, qu'elle y donna bientôt des marques d'imbécil-

---

(1) Vingt-septieme témoin confronté.
(2) Vingt-sixieme témoin confronté.
(3) Vingt-neuvieme témoin confronté.
(4) Soixante-sixieme témoin de l'information de Castres.

[55]

» lité , & que ce fut une des raiſons pour leſquelles
» elle en ſortit, comme ces Dames le lui ont dit ;
» qu'il la vit lui-même chez les Dames d'abord
» dans ſon bon ſens, & dans de bons ſentimens
» pour la Religion Catholique, & enſuite dans ſon
» état d'imbécillité dont il ne ſait pas la durée ».

Suivons maintenant Eliſabeth Sirven depuis ſa
ſortie de chez les Régentes, & ſachons ce qu'il faut
penſer de ſa prétendue guériſon, ſur laquelle le Procureur Fiſcal a ſi fortement inſiſté , tant dans ſes
requiſitions , que dans ſes briefs intendits & dans
les Monitoires.

Me. Madaule, Vicaire de la Paroiſſe de Caſtres ,
(1) dit « que la fille de l'Accuſé après être ſortie du
» Penſionnat des Sœurs Régentes, *où, à ce qu'on di-*
» *ſoit, elle avoit perdu l'uſage du bon ſens* , & ſe
» trouvant, ſans doute, un peu rétablie de ſon ac-
» cident vint furtivement chez lui, & lui fit part du
» deſir qu'elle avoit de ſe faire inſtruire de la Reli-
» gion Catholique Romaine, en lui déclarant qu'elle
» ne vouloit point en profeſſer d'autre, & le pria
» de la faire rentrer à cet effet dans le Penſionnat
» des Sœurs Régentes. *Divers propos qu'elle lui tint*
» *à ce ſujet, & dont il ne ſe rappelle pas , joint à*
» *ſon air ſombre & un peu troublé , lui perſuaderent*
» *qu'elle n'étoit pas entiérement revenue de ſon acci-*
» *dent. Il lui recommanda de continuer ſes remedes ,*
» *lui promettant d'agir en ſa faveur quand on la ver-*
» *roit parfaitement guérie* ».

Le même Témoin ajoute « que quelque temps
» après Eliſabeth vint le trouver, & que jugeant
» *qu'elle ſeroit bientôt en état de ſe bien comporter,*
» *pour peu qu'elle continuât à ſe trouver mieux* , il ſe
» détermina à agir pour elle. Mais qu'il eut beau

____

(1) Soixante ſeptieme témoin de la même information.

D iv

» faire, les Sœurs Régentes n'eurent point de place
» à lui donner, & Mademoiselle de Rochechinard,
» craignant le retour de ses accidens, lui refusa de
» la recevoir dans la Communauté des Orphelines «.

Le Témoin dit, enfin, qu'étant revenu à Castres, après une absence un peu longue, *ladite Sir-*
ven, qui le rencontra près de chez elle, s'approcha
de lui, & vint publiquement & en plein jour le sa-
luer & lui recommander ses intérêts. Et quoique la
maniere dont elle lui parla lui parût très-sensée ;
cette démarche qui pouvoit être apperçue lui parois-
sant imprudente, lui fit craindre qu'elle ne fût pas
aussi-bien rétablie qu'elle le paroissoit.

Elisabeth Auger, (1) fille de Daniel Auger,
Serrurier, dépose « qu'après la sortie de ladite Eli-
» sabeth de chez les Dames Régentes, d'où elle n'é-
» toit sortie qu'à cause de ses vapeurs, son pere ou
» sa mere l'enfermerent dans leur maison quatre
» mois ; après qu'elle fut sortie elle la vit quatre ou
» cinq fois *innocente.* Cependant ses paroles mar-
» quoient tenir pour la Religion Catholique «.

Mais voici nombre de Témoins qui parlent avec
moins d'incertitude que M°. Madaule & la Demoiselle Auger, Agents secrets des Dames Régentes :
Daniel Auger (2), dit « qu'après sa sortie de chez
» les Dames Régentes il a vu plusieurs fois Elisa-
» beth Sirven, qui lui paroissoit comme une per-
» sonne simple & innocente ; & qu'un jour le dépo-
» sant, portant de l'ouvrage chez son pere, Elisa-
» beth lui dit : Il y a long-tems que je ne vous ai
» pas vu, permettez que je vous embrasse «.

Demoiselle Jeanne Barric, (3) dépose « qu'a-

---

(1) Soixantieme témoin de l'information de Castres.
(2) Treizieme témoin de la même information.
(3) Dix-septieme témoin de la même information.

» près qu'Elisabeth fut sortie de chez les Régentes,
» elle auroit été souvent l'embrasser en personne
» simple & innocente ».

Mademoiselle Marie - Anne Mijoule, (1) « que
» peu de jours après qu'Elisabeth Sirven fut sortie
» de chez les Dames Régentes elle fut pour la voir,
» & elle lui parut fort troublée, elle ne voulut lui
» rien dire ; & après sa sortie sa mere dit à la dépo-
» sante, qu'elle étoit obligée de l'attacher à cause
» de ses folies, & que leur Servante l'avoit souvent
» entendue crier ».

Ce même Témoin (2) avoue dans sa confrontation « avoir oui-dire à sa mere que peu de
» temps après qu'on eût rendu sa fille à l'accusé, sa-
» dite mere alloit à la maison de l'accusé très-sou-
» vent, & qu'elle étoit spectatrice des folies & dé-
» mences de la fille de l'accusé, & sur-tout entr'au-
» tres , une fois que ladite Elisabeth Sirven se ré-
» volta contre sa mere & sa sœur qui vouloient l'em-
» pêcher de jetter au feu quelques effets ou ou-
» vrages qu'elle déchiroit. De sorte que la mere
» & la sœur eurent toutes les peines du monde de
» se défendre. De quoi elle fut si allarmée qu'elle
» fut à la maison avec une compulsion des plus
» grandes ».

Marguerite Cessel (3) , dit « qu'étant un jour
» en promenade avec ladite Sirven , elle parloit &
» jettoit des pierres comme une personne qui a des
» vapeurs. »

Jeanne Ragous, (4) « qu'un jour, après qu'Eli-
» sabeth Sirven fut sortie de chez les Dames Ré-

---

(1) Dix-huitieme témoin de la même information.
(2) Vingt-quatrieme témoin confronté.
(3) Trente-quatrieme témoin de l'informat. de Castres.
(4) Quarante-cinquieme témoin de la même information.

» gentes, Sirven pere, la conduifit chez M. Prat,
» & ladite Elifabeth demandoit une fille dudit Prat,
» morte depuis quelque temps ; & pour la contenter
» il fallut lui faire promener toutes les chambres &
» voir tous les enfans, & ladite Elifabeth parut à
» la dépofante n'être pas dans fon bon fens. »

Jean Chafottes, (1) « qu'il avoit vu plufieurs
» fois Elifabeth Sirven ; mais que dans toutes les oc-
» cafions, elle a tenu des propos qui marquoient
» qu'elle n'étoit pas dans fon bon fens. »

Le fieur Durand, (2) Maître Chirurgien dé-
» pofe, « qu'il fut appellé pour voir la fille dudit
» Sirven quelque temps après qu'elle fut fortie de
» chez les Dames Noires, qu'il lui tâta le pouls,
» & jugea, par fes réponfes peu fuivies & par l'é-
» tat de fon pouls, qu'il y avoit une altération dans
» les organes de fon cerveau ; ce qui le détermina
» à la faigner du bras, & quelques jours après il la
» faigna du pied : qu'il dit à fon pere & fa mere,
» qui l'avoient prié de lui faire les remedes qu'il ju-
» geroit convenables à fon état, de la faire mettre
» dans le bain le matin & le foir, de l'y laiffer une
» heure chaque fois fi elle pouvoit le fupporter. »

Jofeph Corbiere, (3) dépofe « qu'un jour gar-
» dant le troupeau, Elifabeth Sirven paffa avec
» Montredon, fon coufin, ladite Elifabeth Sirven
» embraffoit & fuivoit les brebis comme une per-
» fonne qui n'avoit pas fon bon fens ; & après
» avoir badiné avec les brebis elle fut embraffer le
» dépofant. »

Il faudroit écrire un volume, fi on vouloir rap-

---

(1) Trente-neuvieme témoin de la même information.
(2) Cinquante-quatrieme témoin de la même information.
(3) Soixante-quatrieme témoin de la même information.

porter en détail toutes les dépositions qui conftatent l'imbécillité d'Elifabeth Sirven, foit pendant fon féjour chez les Dames Régentes, foit depuis fa fortie de cette maifon jufqu'au temps de fon départ pour Saint - Alby. Une foule de témoins atteftent fon malheureux état de la maniere la plus énergique ; ils difent l'avoir trouvée, *un peu fimple, fort troublée, fort fuperficielle, un peu légere, tantôt raifonnable, tantôt le contraire, tenant des propos qui annonçoient qu'elle n'étoit pas dans fon bon fens.* (1) Le refus de la Demoifelle Barral de Rochechinard, fait à Me. Madaule, Vicaire, de recevoir Elifabeth dans la Communauté des Orphelines, *crainte du retour de fes accidens*, & les difficultés que la Supérieure des Régentes fit au Subdélégué qui lui propofoit de la reprendre de nouveau dans leur maifon, en difent plus que tous les actes de folie articulés par les Témoins.

Il ne refte plus qu'à fuivre la conduite d'Elifabeth Sirven dans fa derniere époque ; c'eft-à-dire, depuis fon départ de Caftres pour Saint - Alby , jufqu'au temps de fa difparition.

Jacques Averoux, fecond Conful de Saint-Alby, (2) dépofe, « qu'il a parlé plufieurs fois à ladite Eli-
» fabeth Sirven qui demeuroit audit lieu de Saint-
» Alby, depuis environ cinq mois, & que fur les
» propos qu'il avoit eus avec elle, il lui paroiffoit
» que cette fille étoit imbécille.

Antoine Huc, (3) dit » qu'étant locataire dans
» la même maifon qu'Elifabeth habitoit, il auroit

---

(1) 18, 21, 32, 37 & quarante-neuvieme témoins de l'information de Caftres, & 22e de la confrontation.

(2) Deuxieme témoin de l'information de Saint-Alby, du 6 Janvier 1762.

(3) Huitieme témoin de la même information.

» eu occasion de lui parler plusieurs fois ; que cette
» fille lui disoit toujours qu'elle vouloit se marier,
» & qu'elle ne trouvoit point de parti ; qu'il l'a vue
» rester une quainzaine de jours sans parler ni rien
» dire à personne ; qu'il l'avoit vue encore *la veille*
» *qu'elle disparut de la maison*, à la fontaine de
» Saint-Alby, & lorsqu'elle fut à la fontaine elle
» s'arrêta sur la porte, *& qu'il lui sembloit qu'elle*
» *étoit comme innocente.* »

Elisabeth Benazeth, (1) femme d'Antoine Huc,
logeant ainsi que Sirven au Château de Saint-Alby,
dit : *qu'elle avoit parlé très-souvent à Elisabeth Sir-*
ven, qu'il lui sembloit que cette fille n'avoit pas tou-
jours un bon raisonnement.

Antoine Paillé, (2) » qu'il a passé l'après-soupé
» pendant deux fois avec Elisabeth Sirven ; que le
» premier jour qu'il veilla avec elle, il la trouva
» morne ; qu'on lui fit plusieurs questions, mais
» qu'elle ne répondit jamais rien, & que la seconde
» fois il la trouva fort gaie, & qu'elle chanta pres-
» que toute la soirée. »

Le sieur Pierre Galiber (3), premier Consul de
Saint-Alby, dit que « par les conversations qu'il
» avoit eues avec Elisabeth Sirven, il lui sembloit
» que cette fille *paroissoit un peu simple d'esprit*,
» quoiqu'il ne lui ait jamais vu faire aucun excès de
» folie, ayant entendu dire à ladite Sirven qu'elle
» vouloit aller parler à *Monseigneur l'Evêque de*
» *Castres, à M. l'Intendant, au Roi.* Dépose de
» plus, qu'ayant été un jour dans la maison dudit
» Sirven, il entendit que Sirven, pere, s'adressant
» à ladite Elisabeth, lui dit ; Ma fille, n'est-il pas

---

(1) Neuvieme témoin de la même information.
(2) Douzieme témoin de la même information.
(3) Treizieme témoin de l'information du 6 Janvier 1761.

« vrai que tu m'a eu battu & à ta mere ? Cette fille
» répondit que oui , & que pour lors elle n'étoit
» pas dans son bon sens, & qu'elle lui en demandoit
» pardon.

Pierre Auffenac (1), nous apprend « qu'un jour
» Elisabeth Sirven étant à veiller chez lui avec
» sa mere & sa sœur, Jean Paillé qui y veilloit auffi,
» dit au Dépofant que ladite Elifabeth vouloit se
» marier avec lui ; *& d'un propos délibéré, ladite*
» *Sirven se leva & fut prendre par les mains le Dé-*
» *pofant, & lui dit s'il vouloit se marier avec elle.* »

Marie Galiber (2), qu'une fois Elifabeth lui
avoit dit » qu'elle vouloit se faire Catholique ;
» qu'elle l'avoit priée d'en parler à Me. Bel , Vi-
» caire, & lui dit une autre fois qu'elle vouloit res-
» ter comme elle étoit, c'est - à - dire proteftante ,
» parce qu'elle avoit peur qu'on ne fît périr son
» pere & sa mere . . . . . Une autre fois la Dépofante
» entendit que ladite Elifabeth dit à sa mere, *que*
» *le Diable les emportât, qu'elle ne vouloit plus vi-*
» *vre en bête.* »

Anne Guiraud (3), dépofe « qu'elle avoit été
» plufieurs fois dans la maifon de ladite Elifabeth ,
» qu'elle la connoiffoit & qu'il lui fembloit par ses
» raifonnemens, *que cette fille étoit un peu simple ,*
» ne lui ayant cependant rien vu faire de mauvais ,
» lui ayant entendu dire qu'elle vouloit se marier. »

Me. Bel , Vicaire de la Paroiffe Saint-Pierre de
Frontze (4) dépofe « qu'il a eu deux conférences
» avec Elifabeth Sirven d'une heure chaque fois ;

––––––––––––––––––   ––––––––––––––––––

(1) Vingt-unieme témoin de la même information.
(2) Vingt septieme témoin de la même information.
(3) Trente douxieme témoin de la même information.
(4) Premier témoin de la continuation d'information du
23 Janvier 1762.

» qu'il n'a point reconnu qu'elle fût sujette à de va-
» peurs de folie, quoiqu'il ait oui dire par des filles
» Catholiques qui la fréquentoient, *qu'elle étoit su-*
» *jette à de petites absences d'esprit.* Que dans une
» autre conversation qu'il eut avec la mere d'Elisa-
» beth, elle lui dit, qu'il n'en seroit pas content ;
» qu'elle étoit une folle ; qu'elle l'avoit battue une
» fois ; & ladite Elisabeth répondit qu'elle en étoit
» très-fâchée, & qu'elle lui en demandoit pardon.

Barthelemi Barthas (1) « qu'il a eu parlé quel-
» quefois avec Elisabeth Sirven, fille du sieur
» Pierre-Paul Sirven, qui résidoit au lieu de Saint-
» Alby, qu'il avoit reconnu que cette fille n'avoit
» point son bon sens, qu'il l'avoit eu dit lui-même
» à plusieurs personnes, n'ayant cependant jamais
» vu que cette fille ait fait aucune action de folie ;
» sinon que *par ses raisonnemens il la trouva simple*
» *d'esprit ; & qu'un jour il la vit sur une planche de*
» *pierre qui est sur le ruisseau qui passe près la Mé-*
» *tairie de Laborie, qu'elle joignoit ses mains ; &*
» *en se courbant vers l'eau, elle fit deux à trois tours*
» *comme une personne qui a perdu le sens, & de-là*
» *elle s'en fut à une autre planche tout près de l'au-*
» *tre, où elle fit à-peu-près les mêmes grimaces, & se*
» *tourna vers le Ciel.*

Anne Bonnet (2), convient dans sa confrontation « qu'Elisabeth parloit sans cesse de son maria-
» ge, & qu'il est vrai qu'elle lui avoit dit deux à
» trois fois qu'elle vouloit se marier avec son fils, &
» d'autres fois avec d'autres enfans du village.

Marguerite Glories (3), déclare « qu'Elisabeth
» Sirven lui dit qu'elle vouloit se marier, & que si

---

(1) Sixieme témoin de l'information du 15 Janvier 1762.
(2) Cinquieme témoin confronté.
(3) Septieme témoin confronté.

» elle croyoit n'avoir pas des enfans de son mariage,
» elle ne se marieroit pas ; & que dans ce temps là,
» ladite Sirven ayant vu venir sa sœur cadette, dit
» à la Déposante, ne parlons plus de ceci, parce
» que ma sœur le rapporteroit à ma mere qui me
» gronderoit là-dessus

» Cette même *Glories* convient qu'elle a vu un
» jour ladite Elisabeth Sirven se promenant toute
» seule dans la place dudit Saint-Alby, où il y a le
» puits commun, *regarder alors dans le puits com-*
» *mun, faisant des grimaces de la tête* ; & qu'étant
» avec ladite Glories & autres femmes du Villa-
» ge, quand sa mere l'appella, elle grimaça de la
» tête. »

Marie Paillé (1), répondant à une interpellation de Sirven, dit « qu'il est vrai qu'elle vit passer
» ladite Elisabeth Sirven *la veille de son évasion vers*
» *le soleil couché devant le puits de Saint-Alby*, al-
» lant chercher de l'eau à la fontaine avec un sceau,
» *& qu'elle l'a vue deux fois regardant dans le puits*
» *en faisant des grimaces de la tête.* »

Marie Galiber (2), répond dans sa confrontation, « qu'elle s'étoit sans doute mal énoncée dans
» sa déposition, en disant qu'elle avoit reconnu la-
» dite Elisabeth Sirven dans son bon sens, puis-
» qu'au contraire elle a reconnu que ladite Elisabeth
» varioit souvent, parce qu'elle disoit vouloir être
» tantôt Catholique, tantôt Protestante.

Telle est l'idée que nous donne la Procédure, de
la tête d'Elisabeth Sirven, soit pendant son séjour
chez les dames Régentes, soit depuis sa sortie jusqu'à son départ pour Saint-Alby ; soit enfin depuis
son arrivée à Saint-Alby, jusqu'au moment de sa

---

(1) Troisieme témoin confronté.
(2) Huitieme témoin confronté.

diſparition. Si elle eut des intervalles lucides & des jours où elle paroiſſoit jouir d'un peu plus de raiſon, le fonds du caractere reſtoit le même, & jamais elle ne revint à un état de parfaite guériſon.

Qu'on ne diſe pas que pluſieurs témoins *l'ont toujours reconnue de fort bon ſens, qu'ils ne lui ont vu faire aucun trait de folie ou d'imbécillité; qu'ils l'ont* regardée *comme une fille raiſonnable.*

Ces dépoſitions, fuſſent elles en plus grand nombre, ne ſauroient jamais détruire les preuves d'un fait invinciblement établi par une infinité d'autres témoignages non ſuſpects, & par l'attention même du Procureur Fiſcal & du Juge, à inſiſter ſur la prétendue guériſon d'Eliſabeth, & à interroger tous les témoins ſur cette circonſtance. Il falloit que l'imbécillicité d'Eliſabeth fût bien notoire, puiſque le Fiſcal qui n'en pouvoit être inſtruit que par la voix publique, cherchoit déja dans les premiers actes de la Procédure, à ſe ménager des reſſources contre ce moyen de défenſe.

Après tout, quand mille témoins dépoſeroient qu'ils n'ont vu faire aucun acte de folie ou d'imbécillité à Eliſabeth Sirven, leur témoignage ne pourroit pas anéantir celui des autres témoins qui articulent des faits & des propos inconciliables avec le prétendu bon ſens de cette fille. De pareilles dépoſitions n'ont rien de contradictoire & d'incompatible. Il eſt poſſible que tel témoin n'ait vu Eliſabeth que dans de bons momens, tandis que d'autres l'auront vue agir & parler comme une imbécile. On n'a jamais prétendu qu'elle fût parvenue au dernier degré de démence; ſon mal, depuis que le ſieur Durand l'eut traitée, ne conſiſtoit que dans des aliénations d'eſprit momentanées qui ſe manifeſtoient dans les actions & dans ſes propos. Le goût décidé qu'elle avoit pour le mariage, & dont elle s'expliquoit ſi

clairement,

clairement, pouvoit bien avoir quelque part à ses folies & à la vocation qu'elle témoignoit pour la religion Catholique. Elle regardoit fans doute fon éta-
bliffement comme plus facile dans la religion do-
minante. Quoiqu'il en foit, certains témoins ont pu
n'avoir pas été préfens lorfqu'elle a fait des actes
d'imbécillité & de démence, fans qu'on en puiffe
conclure qu'elle n'en a jamais fait. Il n'y a point de
démence qui ne laiffe quelque bon intervalle. En un
mot, il fuffit que la maladie foit habituellement
dans l'ame, quoiqu'elle ne fe manifefte point dans
chaque action de la vie.

I I.

Tendreffe & predilection de Sirven & de fa femme pour Elifabeth leur feconde fille.

JEAN PAILLÉ (1), dépofe « avoir entendu
» dire à la mere de ladite Sirven, que fi ladite
» Elifabeth fa fille trouvoit quelque parti pour fe
» marier, *ils lui feroient une bonne dot* ».

Jacques Averoux (2), fecond Conful de Saint-
Alby, dit « qu'il n'a jamais entendu dire qu'Elifa-
» beth eût rien fait de mauvais, & au contraire *que*
» *fa mere lui faifoit beaucoup de careffes* ».

Elifabeth Benazeth (3), locataire dans la même maifon habitée par Elifabeth Sirven, dépofe
« qu'elle a toujours vu *que fon pere & fa mere la*
» *careffoient beaucoup & ne la quittoient prefque ja-*
» *mais* ».

---

(1) Premier témoin de l'information du 6 Janvier 1762.
(2) Deuxieme témoin de la même information.
(3) Neuvieme témoin de la même information.

Pierre Galiber (1), premier Conful de Saint-Alby, dépofe « avoir vu *que le pere & la mere de* » *ladite Elifabeth la carreffoient beaucoup* ».

Antoine Huc (2) « qu'il a toujours vu *que fes* » *pere & mere faifoient beaucoup de careffes à ladite* » *Elifabeth Sirven* ».

Anne Efcudier (3) « qu'elle entendit auffi que » la mere de ladite Elifabeth Sirven difoit à fa fille, » que fi quelque chofe lui faifoit mal, elle mande-» roit chercher le Médecin pour la guérir : dépofe » de plus, qu'elle a toujours vu que la mere de ladite » Sirven, *la careffoit beaucoup , & qu'elle lui fai-*» *foit plus de careffes qu'à une autre qu'ils avoient* » *dans leur maifon* ».

Demoifelle Elifabeth Bruguiere (4), veuve du fieur Lades, Bourgeois, « qu'elle a toujours vu » que la mere de ladite Bellote Sirven, *ne la quit-*» *toit prefque jamais , & qu'elle lui faifoit beaucoup* » *de careffes* ».

Marie Auffenac [5] « qu'elle entendit que fa me-» re difoit, qu'elle ne pouvoit comprendre ce qu'a-» voit ladite Bellote fa fille, qu'elle lui faifoit tou-» tes les careffes imaginables, & que fa fille ne lui » difoit jamais rien, & que fa mere lui difoit : fi tu » es malade, tu n'as qu'à me le dire, & je t'en-» verrai chercher le Médecin ».

Sufanne Cambonnet [6], interpellée, » fi la fille » de l'accufé n'étoit plus chérie que fes fœurs, &

(1 Treizieme témoin de la même information.

(2) Premier témoin de l'information du 15 Janvier 1762.

(3) Neuvieme témoin de la même information.

(4 Onzieme témoin de l'information du 15 Janv. 1762.

(5) Quatorzieme témoin de la même information.

(6) Trente-quatrieme témoin confronté.

[67]

“ particuliérement de fa mere , répond que l'inter-
“ pellation eft véritable ».

On peut juger de la tendreffe de Sirven & de fa
femme pour Elifabeth , leur fille , par l'inquiétude ,
le défefpoir & la défolation qu'ils firent éclater ,
foit au moment de fa premiere évafion à Caftres ,
foit lors de fa difparition à Saint-Alby , foit enfin
lors de la découverte du cadavre.

La Demoifelle Lidie Albarede [1] , dépofe
“ qu'elle vint à la maifon de l'accufé à Caftres , l'a-
» près - dîné du 6 Mars 1760 , après que fa fille eut
» difparu de la maifon de Caftres dudit accufé , &
» vint prendre part à fon affliction , de ce que fa
» fille avoit difparu , dans la crainte qu'elle ne fe
» fût noyée , ou que quelqu'un ne lui eût fait vio-
» lence ; que l'accufé envoya au moulin & au quar-
» tier de Villegoudon , dans les maifons qui avoifi-
» nent à la riviere , pour voir fi on ne l'avoit pas
» apperçue , crainte qu'elle ne fût tombée dans la
» riviere , & dans toutes les maifons du voifinage ,
» fans en avoir aucune nouvelle jufqu'au foir à nuit
» tombant , qu'on dit qu'on la menoit chez les
» Dames Régentes ».

Jofeph Fabre , Feudifte [2] , convient « que le
» jour de l'évafion de la fille de Sirven , il avoit tra-
» vaillé toute la marinée avec Sirven , pere ; qu'il
» fortit de la maifon de ce dernier à midi , & qu'il
» y revint à une heure & demie de l'après-midi pour
» continuer les opérations de la matinée ; qu'il
» trouva l'accufé avec toute fa famille dans une
» affliction extrême , de ne favoir où la fille de
» l'accufé étoit allée ; fi quelqu'un lui avoit fait

---

(1) Vingt-cinquieme témoin confronté.
(2) Quarante-unieme témoin confronté.

E ij

» violence, ou si elle ne seroit pas tombée dans la
» riviere en voulant aller chercher de l'eau ou laver
» du linge ; que les occupations & le chagrin de
» faire chercher sa fille, sans en avoir de nouvelles,
» interrompirent leurs opérations pour tout le jour,
» & même le lendemain ».

La douleur & le désespoir de Sirven, lors de la
seconde disparition de sa fille, & sur-tout lors de
la découverte du cadavre, sont attestés par une
foule de témoins qui allerent eux-mêmes prendre
part à son affliction, & consoler cette famille dé-
solée.

Joseph Rome [1], dit « qu'ayant paru chez Sir-
» ven le lendemain de la disparition de sa fille, il
» y trouva ledit Sirven & toute sa famille en lar-
» mes, & beaucoup de monde qui venoient de
» chercher ladite Elisabeth Sirven, & d'autres qui
» y alloient ».

Marie Galiber [2], fille de Pierre Galiber, premier Consul, raconte dans la confrontation, « que
» l'épouse dudit Sirven, accusé, la nuit que sa fille
» disparut, fut dans la maison du pere d'elle, té-
» moin, sans être chaussée, ni habillée, portant
» les jupes à la main, pour le requérir, en qualité
» de Consul & ami de la maison, les larmes aux
» yeux, de vouloir faire chercher sa fille qui venoit
» de s'évader ; laquelle épouse de l'accusé tomba en
» pâmoison, & on fut obligé de lui donner de
» l'eau-de-vie pour la remettre ; & on fut lui cher-
» cher ses hardes à sa maison, & finir de s'habiller
» dans la maison du pere de ladite Galiber, témoin ;
» après quoi ladite témoin avec sa sœur accompa-

---

(1) Quarante-sixieme témoin de l'information de Castres.
(2) Huitieme témoin confronté.

» gna l'épouſe dudit accuſé chez elle, & lui don-
» nerent tout le ſecours & conſolations qui leur fut
» poſſible, & y reſterent une grande partie du jour ».

Ce récit eſt confirmé par Jeanne Galiber, ſœur de Marie, dernier témoin de la confrontation ; qui ajoute que Toinette Leger *étoit pénétrée de la plus vive douleur.*

Antoine Huc [1], locataire dans le Château de Saint-Alby, dépoſe « que quand la mere de ladite
» Eliſabeth ſe fut apperçue qu'elle fut ſortie de ſa
» chambre, elle fut de ſuite heurter à la porte du
» dépoſant avec Jeanne Sirven, ſon autre fille,
» lequel ſe leva à l'inſtant en chemiſe ; & vit ladite
» Demoiſelle Sirven, ſa mere, qui tenoit avec ſes
» mains ſes jupes, qu'elle n'avoit pas eu le temps
» ſans doute de faire tenir, & lui dit que ſa fille
» Bellote venoit de ſortir de ladite maiſon ; elle
» pria le dépoſant de ſortir pour tâcher de la dé-
» couvrir ; il ſortit avec toutes les deux enſemble ;
» & s'en furent heurter à la porte du ſieur Pierre
» Galiber, premier Conſul, lui diſant que ladite
» Sirven, fille, avoit diſparu tout à coup de la
» maiſon, ſans qu'on ſût ce qu'elle étoit devenue ;
» & s'en furent encore tous deux heurter à la porte
» d'Antoine Eſcande, dudit lieu, qui ne ſut non
» plus leur en donner aucune nouvelle. Le dépoſant
» fut auſſi avec ledit ſieur Conſul à pluſieurs autres
» endroits ; mais ils ne purent pas la découvrir ».

Ces recherches ſont encore juſtifiées par une foule d'autres témoins [2].

De ſon côté, Sirven, dès qu'il fut inſtruit de la

---

(1) Premier témoin de l'information du 15 Janvier 1762.
(2) 1, 2, 3, 4. 5, 6, 7, 8, 9, 10, 14 15, 19, 22, 32, 35, 36, trente-huitieme témoins de l'information du 6 Janvier 1762. Dix-neuvieme témoin confronté.

E iij

disparition de sa fille, envoya à Mazamet, à Auxillon, à Castres, dans les Métairies des environs de
Saint Alby, à la Bruguiere & à Caucalieres pour
savoir des nouvelles de sa fille [1].

Antoine Huc [2] dépose « que Sirven le pria
» d'aller s'informer à Mazamet chez les Sœurs de la
» Croix, & chez M. le Curé d'Auxillon, s'il pou-
» voit lui donner des nouvelles de ladite Elisabeth
» Sirven ; & s'en fut aussi dans les Métairies aux en-
» virons de Saint-Alby pour tâcher de la découvrir :
» dépose en outre que le lendemain que ladite Eli-
» sabeth eut disparu, ledit sieur Sirven, pere, en-
» voya le déposant à Castres chez la Demoiselle
» Boutes, sa sœur, qui est Catholique, pour la
» prier d'aller s'informer chez les Dames Régentes
» ou à l'Evêché, si on pouvoit lui donner des nou-
» velles de ladite Elisabeth Sirven ; & en revenant
» de Castres, le déposant passa à la Bruguiere, &
» s'en fut chez les Dames de la Croix & chez les
» autres Sœurs du sacré Cœur, pour savoir si ladite
» Elisabeth Sirven seroit chez elles ; on lui dit que
» non ; & le déposant les pria que si elles en savoient
» quelque nouvelle, elles le fissent savoir aux Con-
» suls de Saint - Alby ; & le soir du même jour,
» après soupé, il s'en fut avec le sieur Lades, &
» un neveu dudit Sirven, au lieu de Caucalieres
» pour en savoir des nouvelles, parce qu'on avoit
» dit que ladite Sirven avoit passé à Caucaliares ».

Le sieur Sers [3], Subdélégué de M. l'Intendant,
dépose « que Sirven, pere, vint d'un air fort cons-

---

(1) Vingt - septieme témoin de l'information d'Auxillon.
Quarante-quatrieme témoin confronté. Dixieme témoin de
l'information du 15 Janvier 1762.
(2) Premier témoin de la même information.
[3] Quatre-vingtieme témoin de l'informat. de Castres.

» terné lui raconter à Castres la disparition de sa
» fille, & les recherches qu'il avoit faites pour la
» découvrir ; que quelques jours après il vint d'un
» air plus triste encore lui dire que sa fille avoit été
» trouvée noyée ».

Il est affreux sans doute pour un pere d'être réduit
à prouver qu'il aimoit tendrement sa fille, & qu'il
a pleuré sa mort. Le Juge de Mazamet a rendu cette
apologie nécessaire. Son aveugle prévention a mis
l'amour paternel à bien d'autres épreuves. Mais pour-
suivons cette triste carriere, & cherchons dans une
Procédure faite par le fanatisme, des preuves de la
tolérance de Sirven.

I I I.

Tolérance de Sirven.

L'Abbé de Barral [1], dépose « que Sirven avoit
» déclaré que si on vouloit sa fille pour la mettre
» dans un Couvent, il y consentiroit ; mais qu'il n'é-
» toit pas en état de lui payer la pension ».

La Demoiselle de Barral de Rochechinard [2],
« que M. Sers, Subdélégué, lui dit, il y a sept à
» huit mois, qu'ayant reçu des ordres de M. l'Inten-
» dant pour engager Sirven à laisser aller chaque
» jour sa fille aux Dames Noires, il avoit répondu
» que si on vouloit la prendre tout à fait & payer
» sa pension, il ne s'y opposoit pas ; qu'il ne pou-
» voit la laisser sortir journellement, attendu qu'il
» craignoit qu'elle ne se noyât. La Demoiselle dé-
» posante répondit audit M. Sers que pour lui ôter

---

[1] Soixante-dixieme témoin de la même information.
[2] Soixante neuvieme témoin de la même information.

» cette excufe, il falloit lui dire que chaque jour
» les Dames Noires l'envoyeroient prendre & la
» ramener [1] ».

Le fieurs Sers [2] dépofe « que, conformément
» aux ordres de M. l'Intendant, il propofa à Sirven
» d'envoyer fa fille chez les Dames Régentes. (Pro-
» pofition révoltante après ce qui s'étoit paffé , &
» de la maniere dont fa fille étoit fortie de cette
» maifon). Sirven répondit ne pouvoir pas confen-
» tir que fa fille fortît de fa maifon, de peur de
» quelque nouvelle attaque de folie, & qu'il ne lui
» arrivât quelque malheur. Alors, pour prévenir de
» fâcheux accidens , le fieur dépofant lui propofa
» de faire accompagner fa fille par quelque femme
» Catholique qu'on lui fourniroit fans frais, quand
» il feroit queftion de fortir en ville pour aller à l'E-
» glife ou à l'école. Mais il perfifta qu'il ne pouvoit
» y confentir ; parce que, difoit-il, fi fa fille don-
» noit quelque marque de folie au retour dans fa
» maifon, ou que d'autre part fans cela elle vînt à
» manquer de refpect à fes pere & mere , & qu'on
» voulût la corriger ou réprimer , elle feroit capa-
» ble de fe plaindre à faux, ou de fuppofer qu'on
» la maltraitoit pour caufe de religion, & qu'il im-
» portoit au pere & à la mere d'éviter d'être expofés
» à des fuppofitions de cette efpece ; que ledit Sir-
» ven , pere, *pour marquer fa bonne volonté & con-*
» *defcendre aux inclinations de fa fille , & ne pas*

------

[1] Lorfque la Dlle de Barral infpiroit cet expédient au
Subdélégué de M. l'Intendant fon beau-frere, elle avoit fans
doute oublié qu'elle-même venoit de refufer de recevoir Elifabeth dans la maifon des Orphelines, dont elle eft Directri-
ce. Ce refus n'étoit fondé que fur le trifte état d'Elifabeth.

[2] Quatre-vingtieme témoin de l'information de Caftres.

» *la contredire en matiere de religion, déclara au*
» *dépofant qu'il offroit toutefois de la remettre pour*
» *l'enfermer dans telle maifon qu'on trouveroit à*
» *propos ;* mais il lui déclara en même-temps n'être
» pas en état de fournir à aucune penfion, & que
» du depuis *il lui réitéra plufieurs fois cette même*
» *déclaration, qu'il étoit toujours prêt à remettre fa*
» *fille ;* . . . . . . que quelque mois après fon départ
» de Caftres, Sirven vint trouver le dépofant, qui
» lui ayant déclaré les nouveaux ordres de M. l'In-
» tendant pour faire aller Elifabeth à l'école fous la
» conduite d'une femme Catholique, Sirven per-
» fifta à foutenir que fa fille n'étoit point rétablie,
» & qu'il feroit en état de la repréfenter toujours fi
» on vouloit la retirer entiérement de chez lui. Mais
» il fut dit entre eux que puifqu'il avoit quitté la
» réfidence de Caftres, il ne pouvoit plus fe confor-
» mer à l'injonction de laiffer aller fa fille à l'école ».

Me. Bel, Vicaire [1], dit dans fa dépofition ,
« que la mere de ladite Elifabeth répondit qu'elle
» n'avoit qu'à aller à l'Eglife, & que fi elle étoit dans
» l'intention de fe faire Catholique, elle étoit li-
» bre : *ladite Elifabeth ayant dit qu'elle n'étoit*
» *point maltraitée de fes parens à caufe du deffein*
» *qu'elle avoit ; mais qu'elle étoit fort libre ;* . . . . .
» que ledit Pierre-Paul Sirven lui a dit en diffé-
» rentes fois qu'il ne vouloit pas fe mettre dans de
» mauvaifes affaires pour fa fille ; qu'elle n'avoit
» qu'à fe retirer où bon lui fembleroit pour profef-
» fer la Religion Catholique ; difant au dépofant
» *que s'il vouloit s'en charger il la lui remettroit ;*
» mais qu'il ne vouloit point la garder dans fa mai-

---

[1] Troifieme témoin de la continuation d'information du
23 Janvier 1762 , & quatorzieme témoin confronté.

» fon, crainte que venant à lui faire quelque cor-
» rection paternelle pour tout autre sujet que celui
» de la Religion, on ne lui imputât que ce fût à
» cause de son changement & conversion ; dépose
» encore que sur une Lettre écrite par M. Sers,
» Subdélégué de Castres, à Me. Lengard, Curé
» de ladite Paroisse, laquelle Lettre fut communi-
» quée au déposant, cela l'obligea à veiller plus
» particuliérement sur sa conduite, & d'avoir les-
» dites conférences avec elle ».

Cet aveu de Me. Bel est d'autant plus précieux,
que ce Prêtre a manifesté sa prévention contre Sirven, & son peu de respect pour la vérité & pour
son serment, d'une maniere non équivoque. Il n'en
faut point d'autre preuve que l'indigne réticence
dont il se rendit coupable dans sa déposition : Me.
Bel, pour lors Précepteur des deux fils cadets du
sieur d'Espérandieu, étoit un de ceux qui souperent
avec Sirven au Château d'Aygues-Fondes la nuit de
la disparition d'Elisabeth, & cependant il se tait sur
une circonstance si décisive & si favorable à l'accusé.
Ce n'est que dans la confrontation, que Sirven lui
a arraché, & même avec peine, l'aveu de ce fait,
qui auroit dû être le premier couché dans sa déposition.

Il faut voir sur-tout comment cet Ecclésiastique
cherche dans la confrontation à se démêler des interpellations qui le pressent. L'air de vérité qui regne
dans les questions de l'accusé, le trouble & le dé-
concerte. Il nie les faits qu'on présente à sa mémoire ; mais il les nie en homme qui rougit de n'en
avoir point parlé le premier.

L'accusé lui demande : « s'il n'est vrai que lui,
» Me. Bel, lui dit qu'il ne vouloit pas se charger
» de sa fille, ajoutant que c'étoit aux peres & aux
» meres de les garder & d'en avoir soin ; qu'ayant

» ajouté qu'il falloit marier cette fille , dont la plus
» grande folie étoit de vouloir se marier indistincte-
» ment avec tous les jeunes gens , Sirven lui répon-
» dit qu'il falloit trouver de parti ; que si lui , té-
» moin , trouvoit un homme vertueux qui voulût
» la prendre en légitime mariage , soit Catholique ,
» soit Protestant , l'accusé y donneroit très-volon-
» tiers les mains ; qu'il feroit la composition de
» son patrimoine , lui en donneroit en constitution
» de dot un cinquiéme , & par préciput tout ce qu'il
» pourroit découvrir que l'accusé auroit omis , tant
» effets , meubles qu'autrement ».

Me. Bel répond , " qu'il n'a jamais parlé de
» mariage , autant qu'il peut s'en rappeller ; que
» dans les conférences qu'il eut avec lui , *il ne lui*
» *parut pas éloigné que sa fille Elisabeth professât*
» *la Religion Catholique , puisqu'il est vrai qu'il pria*
» *ledit Me. Bel , témoin , de se charger de sa fille ,*
» *de la prendre , & qu'il ne résisteroit en rien pour*
» *son entiere liberté ; mais qu'il le disoit d'un ton*
» *si ému & si colere* [1] , *que dans plusieurs de-*
» *mandes que lui fit ledit Me Bel , l'accusé lui ré-*
» *pondit , ou dans quelqu'autre circonstance ; faites*
» *comme vous voudrez , vous avez vos sentimens*
» *aussi noirs que votre soutane.*

A quoi l'accusé répliqua : *qu'il est surpris , vu le*
caractere de Me. Bel , témoin , lequel il somme devant
Dieu , qu'il n'a pas déclaré vrai , attendu qu'il n'y
a pas un mot de l'interpellation qui ne soit véritable,
niant , ledit accusé , d'avoir jamais dit aucune pa-
role insultante audit Me. Bel , témoin , ayant eu
toujours & aura la vénération & le respect dû à son
caractere.

---

[1] Me. Bel n'étoit pas un homme à avoir oublié cela
dans sa déposition , si le fait eût été vrai.

On demande ensuite à Me. Bel « s'il n'est vrai
» que le soir qu'il soupa avec Sirven au Château
» d'Aygues-Fondes, ce dernier ne lui dit qu'il étoit
» venu exprès pour savoir de lui s'il avoit reçu des
» ordres ultérieurs concernant sa fille, & lui com-
» muniquer qu'il alloit la conduire le lendemain à
» Castres pour la remettre entre les mains de M. l'É-
» vêque pour en faire à ses volontés ».

Le témoin avoue en cet endroit « qu'il a soupé
» cette même nuit avec Sirven, & qu'il ne le quitta
» qu'à onze heures ; mais il nie la communication
» du voyage de Castres, & Sirven est forcé de lui
» dire qu'il est surpris que ledit Me. Bel, témoin,
» dise que dans la conférence derniere il ne s'est ja-
» mais parlé d'aucun ordre ultérieur, ni de la remise
» à M. l'Evêque, attendu que dans cette conférence
» on n'eut point d'autre conversation, ce qui faisoit
» uniquement le sujet du voyage de l'accusé audit
» Aygues-Fondes, & en conséquence il l'interpelle
» sur quoi roula cette conférence.

» Me. Bel embarrassé par cette derniere interpel-
» lation, ne sait plus ce qu'il dit ni ce qu'il veut
» dire ; il répond d'un air fort troublé, *que ledit*
» *Sirven étoit venu plutôt pour lui faire de reproches*
» *s'il ne lui en fit pas réellement, que pour placer sa*
» *fille* ».

Si le Juge eût dressé dans ce moment Procès-
verbal de l'air de Me. Bel, de son trouble, de son
embarras, de ses gestes, de la rougeur de son visage,
la Cour jugeroit aisément de quel côté étoit la vérité. Après avoir signé sa confrontation, il se saisit
de la porte ; il sortit & rentra à plusieurs reprises
sans trop savoir où il en étoit. Le Juge lui adressa
inutilement la parole ; il se retira sans mot dire. Me.
Astruc & son Greffier ne purent s'empêcher de faire

des réflexions sur la situation violente & sur les mouvemens convulsifs de ce témoin.

Jacques Averoux (1), Consul de Saint - Alby,
convient dans sa confrontation, que lors de la visite
du Vicaire Bel, faite avec les Consuls chez Sirven,
alors absent; « l'epouse de ce dernier dit audit sieur
» Vicaire, en presence de lui, témoin, & de son
» collegue, Consul, que ni elle, ni l'accusé, son
» mari, ne s'étoient jamais opposés ni ne s'oppose-
» roient que leur fille Elisabeth fût Catholique;
» *qu'elle offroit de la lui remettre tout présentement*
» *entre ses mains, s'il vouloit s'en charger & en*
» *avoir soin.* Mais qu'elle ne pouvoit pas, ni l'ac-
» cusé non plus, laisser la liberté demandée à leur
» fille par des raisons qu'elle lui diroit en particulier,
» s'il vouloit avoir la bonté de l'entendre (2) qu'a-
» lors ladite fille prit la parole, l'adressant audit Vi-
» caire, lui dit; *oui Mr. le Vicaire, ce que ma mere*
» *veut vous dire, c'est que je l'ai battue & à mon père*
» *aussi* ».

Le sieur Pierre Galiber (3), premier Consul, présent à la visite du Vicaire, dépose « avoir entendu
» que ladite Sirven, mere, répondit audit Me. Bel,
» que si sa fille se vouloit faire Catholique, elle n'a-
» voit qu'à se faire mettre dans un Couvent, &
» qu'elle ne l'empêchoit point ».

---

[1] Quatrieme témoin de la confrontation.

[2] Il y a près de demi-lieue de Saint-Alby à l'Eglise où
l'on vouloit qu'Elisabeth Sirven allât à la Messe; eût-il été
prudent d'envoyer une fille de cet âge & d'un esprit si foible
à une Eglise si éloignée, sise au bord du grand chemin de
Saint-Alby & de Mazamet à Lavaur & à Toulouse, livrée
à elle-même & loin des yeux de sa mere ?

[3] Treizieme témoin de l'information du 6 Janvier 1762.

Un autre témoin dépose avoir entendu dire à la
mere " que peu lui importoit que sa fille se fît Ca-
» tholique (1) ; Pierre Auffenac (2) convient qu'au
» moment que Sirven alloit monter à cheval pour
» se rendre à Aygues Fondes, il dit à sa fille, *qu'à*
» *son retour il iroit à Castres & qu'il la prendroit.*

Demoiselle Elisabeth Bruguiere (3), dépose
» qu'elle a entendu dire audit Sirven, pere, trois à
» quatre jours avant que sa fille disparut de la mai-
» son, qu'il vouloit aller prier le Vicaire d'Aygues-
» Fondes d'aller avec lui & sa femme pour *les ac-*
» *compagner à conduire ladite Bellote Sirven, leur*
» *fille, chez* M. *l'Evêque de Castres.*

Elisabeth Auger (4), qu'après que la fille fut
perdue, elle étoit à un endroit, elle qui dépose,
" où ledit Sirven, pere, vint, & dit qu'il avoit
» perdu sa fille, qu'il l'avoit faite chercher par tous
» les environs & qu'il la croyoit dans quelque Cou-
» vent, & qu'on la lui tenoit cachée, & que le
» jour avant qu'elle ne s'en fût, il lui avoit promis
» de *la mener le lendemain à* M. *l'Evêque de Cas-*
» *tres* ».

Jacques Averoux (5), Conful de Saint - Alby,
convient à la seconde interpellation être vrai ; » que
» ladite Elisrbeth Sirven venoit chez lui au four,
» mander, porter la pâte & rapporter le pain toute
» seule, tantôt en compagnie de sa sœur ou de sa
» mere ; qu'elle est venue d'autres fois seule, & sou-
» vent chez lui, témoin, avec sa besogne, & qu'il

---

[1] Dix-septieme témoin de la même information.
[2] Treizieme témoin confronté.
[3]   témoin de l'information du 15 Janvier 1762.
[4] Soixantieme temoin de l'information de Castres.
[5] Quatrieme témoin confronté.

[79]

. ne lui ait jamais revenu que ladite Elifabeth *ait*
. *été génée ni enfermée par fes parens* pendant tout
. le temps qu'elle a refté audit Saint-Alby.

Marie Galiber (1), fille du fieur Pierre Galiber,
Conful de Saint - Alby, dit « qu'Elifabeth Sirven
. alloit fouvent ehez elle, tantôt la foir, tantôt l'a-
. près-dînée, & qu'elle n'a jamais fçu ni entendu
. dire que ledit accufé ni fon époufe, ni aucun de
. fa famille, *ayent gêné ni maltraité* ladite Elifa-
. beth Sirven pendant tout le temps qu'elle a refté
. à Saint-Alby «.

Plus de cent-cinquante témoins, foit de Caftres,
foit de Saint - Alby, rendent compte des converfa-
tions qu'ils ont eues avec Elifabeth Sirven ; ce qui
prouve qu'on ne la gênoit point & qu'elle parloit librement à des filles & femmes Catholiques. Une
pareille liberté ne s'accorde guere avec l'idée qu'on
a voulu donner de l'intolérance de Sirven.

Il ne faut pas confondre la répugnance avec l'oppofition. Sirven conviendra fans peine qu'il fut affli-
gé des démarches infpirées à fa fille. Il croit même
pouvoir s'honorer de ce fentiment ; & quelle eft
l'ame affez lâche pour lui en faire un crime ? Mais il
y a loin de la douleur à une réfiftance coupable, &
plus loin encore d'une pareille réfiftance à un parricide.

I V.

Alibi de Sirven.

JEAN GALINIÉ (2) dépofe « que le foir que
. ladite Elifabeth difparut, ledit fieur Sirven, fon

[1] Huitieme témoin confronté.
[2] Troifieme témoin de l'information du 6 Janvier 1762.

» pere , n'étoit point dans la maison ; le Déposant
» l'ayant vu partir avant la nuit avec M. d'Espe-
» randieu , fils , & qu'il avoit été au Château d'Ay-
» gues - Fondes ».

Pierre Auffenac (1) dépose, " que la veille que
» ladite Elisabeth disparut, ledit sieur Sirven son
» pere fut coucher ce jour-là à Aygues-Fondes avec
» M. d'Esperandieu , fils , le Déposant ayant tenu
» l'étrier audit Sirven pour monter à cheval".

Le même témoin , dans sa confrontation , répond
» qu'il est vrai qu'il dîna lui-même avec le Domes-
» tique de M. d'Esperandieu , dans la même cham-
» bre où dînoit l'accusé avec ledit sieur d'Esperan-
» dieu & ledit sieur Carcenac , au Château de St.
» Alby , & que ledit sieur d'Esperandieu dit à l'ac-
» cusé de venir souper & coucher au Château d'Ay-
» gues-Fondes ; & comme il y avoit beaucoup de
» boue , il fit mettre pied à terre à son Domesti-
» que , & ledit accusé monta le cheval dudit Do-
» mestique ».

Anne Guiraud (2), veuve de Jean Paillé ,
" que la Déposante dit de suite qu'il falloit aller
» chercher le sieur Sirven , pere , qui avoit couché
» au Château d'Aygues-Fondes ce jour-là même ,
» & effectivement il vint audit Saint-Alby avec l'ex-
» près qu'on lui envoya ; la Déposante ayant vu ,
» la veille que ladite Elisabeth Sirven disparut ,
» monter à cheval le sieur Sirven , pere , qui s'en
» fut à Aygues - Fondes avec M· d'Esperandieu ,
» fils.

Joseph de Rome Vitrier (3) dit , " que le soir

---

[1] Vingt-unieme témoin de l'information du 6 Janvier
1762, & treizieme témoin confronté.
[2] Trente-deuxieme témoin de la même information,
[3] Quarante-sixieme témoin de l'information de Castres
» de

» de la perte d'Elifabeth Sirven, il étoit au Châ-
» teau d'Aygues-Fondes; qu'il y vit Sirven, pere,
» avant fouper, qui venoit d'arriver, qui y foupa
» & qui devoit y coucher; mais il ne fait pas s'il y
» coucha en effet ».

Marie Groc (1), dépofe « que dans le temps
» qu'elle reftoit au fervice de M. d'Eperandieu, la
» veille de l'accident d'Elifabeth Sirven, Sirven,
» pere, étoit le foir chez le fieur d'Efperandieu,
» où il foupa & il coucha; & le lendemain un
» homme de Saint-Alby vint le trouver. Ledit Sir-
» ven le voyant, lui dit; qu'y a-t-il de nouveau ?
» Cet homme lui parla & ils partirent pour Saint-
» Alby ».

Demoifelle Jeanne-Marie Langard (2), fœur
de M. le Curé d'Auxillon, « que la nommée Jean-
» neton, fille de chambre de Madame d'Efperan-
» dieu, lui dit, que Sirven, pere d'Elifabeth, avoit
» été chez M. d'Efperandieu, la veille que ladite
» Elifabeth, fa fille, difparut, & qu'il en étoit parti
» le lendemain grand matin, parce qu'on lui avoit
» envoyé un exprès; qu'il s'en fut fans rien dire ».

La Dlle. Renée Lengard (3), dépofe les même faits.

Me. Bel, qui foupa ce foir-là avec Sirven, & qui
a tu cette circonftance dans fa dépofition, a été forcé d'en convenir dans fa confrontation, où il dit ;
« qu'il eft vrai qu'il foupa chez M. d'Efpérandieu
» avec ledit Sirven, & qu'il fe retira vers les onze
» heures du foir avec le fieur Carcenac (4) ».

---

[1] Cinquante-unieme témoin de la même information.
[2] Troifieme témoin de l'information d'Auxillon.
[3] Septieme témoin de la même information d'Auxillon.
[4] Troifieme témoin de la continuation d'information
du 22 Janvier 1762.

F

Antoine Huc (1) dépose « que la nuit du 15 au
» 16 Décembre, jour auquel ladite Elisabeth dis-
» parut de ladite maison, ledit Sirven, pere, n'a-
» voit point couché dans sa maison ; qu'il l'avoit
» vu partir la veille pour aller à Aygues Fondes avec
» M. d'Esperandieu, fils, & que le lendemain bon
» matin, il s'en fut au Château d'Aygues-Fondes,
» où il trouva ledit Sirven, & il lui dit de suite que
» ladite Sirven, sa fille, avoit disparu pendant la
» nuit de sa maison ; qu'on l'avoit cherchée, mais
» qu'on ne l'avoit pas trouvée en aucune part. Dé-
» pose encore de plus, que depuis qu'il eut appris
» cette triste nouvelle audit Sirven, pere, il recon-
» nut que cela le frappa beaucoup, & vit qu'il trem-
» bloit, & ledit jour Sirven lui donna 14 sols, &
» le pria d'aller s'informer à Mazamet, chez les
» Sœurs de la Croix, & chez M. le Curé d'Auxillon,
» s'ils pouvoient lui donner des nouvelles de ladite
» Elisabeth Sirven, & s'en fut aussi dans les Métai-
» ries des environs de Saint-Alby, pour tâcher de la
» découvrir. Dépose en outre, que le lendemain
» que ladite Elisabeth eut disparu, ledit sieur Sir-
» ven pere, envoya le Déposant à Castres chez la
» Demoiselle Boute, sa sœur, qui est Catholique,
» pour la prier de s'informer chez les Dames Noires
» de Castres, ou à l'Evêché, si on pourroit lui don-
» ner des nouvelles de ladite Elisabeth Sirven, &
» en revenant de Castres, le Déposant passa à La-
» bruguiere, & s'en fut chez les Dames de la Croix
» & chez les autres Sœurs du Sacré-Cœur, pour
» savoir si ladite Elisabeth seroit chez elles: on lui
» dit que non ».

Par quelle fatalité, des faits si intéressans & si

---

[1] Premier témoin de l'information du 15 Janv. 1762.

[83]

bien circonstanciés, se trouvent ils entiérement omis
dans la déposition du même Témoin, lorsqu'il a
déposé à la Requête du Procureur Fiscal ? Antoine
Huc n'y dit pas qu'il ait vu partir Sirven pour Aygues-Fondes ; il n'y parle pas du voyage qu'il fit le
lendemain pour annoncer à Sirven la disparition de
sa fille, ni des ordres que lui donna Sirven pour la
recherche d'Elisabeth. Cependant si les faits racon-
tés par Antoine Huc, dans l'information de Sirven,
se trouvent vrais & prouvés par la Procédure du
Fiscal, que faudra-t-il penser du silence qu'il a gardé dans sa premiere déposition ? Supposera t-on
qu'Antoine Huc regarda d'abord comme inutile le
détail qu'il fit quelques jours après devant le même
Juge ? Ou faudra-t-il croire que le Juge refusa de
recueillir les faits qui étoient articulés par le témoin ?

Quoi qu'il en soit, il est prouvé qu'Antoine Huc
n'a rien dit que de vrai dans sa déposition du 15
Janvier 1762. *Antoine Paillié* (1) « déclare dans
» sa confrontation, qu'il est vrai qu'il a vu passer
» ledit Accusé ledit jour avec ledit sieur d'Espéran-
» dieu aîné, allant vers le chemin d'Aygues-Fondes,
» & que le lendemain il vit venir ledit Accusé avec
» l'exprès qu'on lui avoit dépêché, *qui étoit An-*
» *toine Huc*, Locataire audit Château de St. Alby ».

Demoiselle Jeanne-Marie Langard, (2) sœur
du Curé d'Auxillon « dépose que le nommé Huc,
» du lieu de Saint-Alby, qui demeure dans la mai-
» son dudit Sirven, avoit été chez la Déposante le
» lendemain que ladite Sirven avoit disparu dans la
» nuit, pour lui demander si ladite Elisabeth étoit

---

[1] Deuxieme témoin confronté.
[2] Troisieme témoin de l'information d'Auxillon.

» chez elle. La Demoiselle Rennée Langard (1) at-
» teste le même fait ».

Marie Cabaret, (2) « qu'il est vrai que sur le soir,
» & environ deux ou trois heures de l'après-midi,
» elle vit ledit Sirven accusé, partir de Saint-Alby,
» avec M. d'Esperandieu fils, qui gagnerent le che-
» min d'Aygues-Fondes, & qu'on lui envoya un
» Exprès pour lui apprendre ce fatal événement ».

Jeanne Galiber, (3) fille du sieur Pierre Galiber, premier Consul de Saint-Alby, « qu'il est vrai
» que son pere & presque tous les gens du Village
» chercherent dans ledit lieu, jusqu'au jour, la fille
» de l'Accusé, que le mauvais temps empêcha de
» la faire chercher à la campagne, & que dès
» qu'il fut jour le pere de ladite Galiber, Témoin,
» dépêcha des Exprès dans les lieux circonvoisins,
» pour avoir des nouvelles de sa fille, & qu'on en
» envoya un autre audit Sirven accusé, au Château
» d'Aygues-Fondes, où il avoit couché cette nuit-
» là, pour lui apprendre cette nouvelle ».

Les Domestiques du sieur d'Esperandieu, que le
Fiscal Trinquier n'a pas jugé à propos de faire assi-
gner dans sa procédure, & qui ont déposé dans celle
de Sirven, sont parfaitement d'accord avec les autres
Témoins, & ajoutent des circonstances dont eux
seuls étoient en état de rendre compte.

Etienne Garrigues (4) dit « que Sirven soupa &
» coucha dans le Château d'Aygues-Fondes; que sa
» femme de lui, Témoin, lui porta une chandelle,
» dans une chambre dudit Château, pour se cou-

---

[1] Septieme témoin de la même information.
[2 Seizieme témoin confronté.
[3] Quarante-quatrieme témoin confronté.
[4] Deuxieme témoin de l'information du 15 Janv. 1762.

[85]

» chet, & le lendemain au jour, il fut allumer le feu
» au fallon dudit Château , & dans le temps qu’il
» l’allumoit, il vit fortir de la chambre ledit Sirven
» qui vint fe chauffer ».

Louis Guiraud , autre Domeftique du fieur d’Efpérandieu , (1) raconte « que le jour qu’Elifabeth
» difparut , il s’en fut au Château de Saint-Alby
» avec M. d’Efperandieu fils , & vit que ledit Sirven
» pere , dîna avec le fieur d’Efperandieu & le fieur
» Carcenac , & avant l’entrée de la nuit ils s’en fu-
» rent tous au Château d’Aygues-Fondes , de même
» que ledit Sirven , auquel le Dépofant bailla fon
» cheval , & le fervit même à fouper ; & le lendé-
» main matin , en fe levant , il s’en fut au fallon du-
» dit Château , où il trouva ledit Sirven , & un inftant
» après il entendit dire qu’on étoit venu chercher le-
» dit Sirven ; qu’une de fes filles avoit difparu dans
» la nuit même qu’il coucha au Château ».

Antoine Merle , (2) attefte les mêmes faits (3) ,
ainfi que *Jofeph Mafcarenc* , ce dernier ajoute ,
« qu’il fervit à boire audit Sirven pendant le fouper ,
» & qu’il avoit entendu dire aux autres Domeftiques
» qu’il avoit couché dans le Château ».

Pierre Galinier , (4) « qu’il vit venir du côté d’Ay-
» gues-Fondes le fieur Pierre Paul Sirven , qui réfide
» au Château qui eft audit Saint-Alby , en compa-
» gnie d’Antoine Huc , & qu’il les trouva proche du
» pré du fieur Salvetat-Mengot , & qu’il venoit au-
» dit Saint-Alby , & que c’étoit le matin qu’on
» avoit dit qu’Elifabeth fa fille , avoit difparu de fa
» maifon dans la nuit ».

____

[1] Troifieme témoin de la même information.
[2] Quatrieme témoin de la même information.
[3] Cinquieme témoin de la même information.
[4] Huitieme témoin de la même information.

Elisabeth Benazeth, (1) " que la nuit que ladite
„ Elisabeth Sirven quitta la maison de son pere, le-
„ dit Huc, son mari, partit de Saint-Alby à la
„ pointe du jour, pour aller chercher ledit Sirven
„ qui avoit couché au Château d'Aigues-Fondes ;
„ elle le vit entrer au Château de Saint-Alby où ils
„ font leur résidence ".

Demoiselle Elisabeth Bruguiere, (2) " qu'elle
„ vit passer de la fenêtre de sa maison, la veille du
„ 15 au 16 Décembre dernier, ledit sieur Sirven
„ avec M. d'Esperandieu, tous deux à cheval, qui
„ prenoient le chemin qui conduit à Aygues-Fondes,
„ & le lendemain au matin dès qu'elle eut appris
„ que ladite Elisabeth avoit disparu de la maison
„ de ses pere & mere, elle fut dans leur maison au-
„ dit Saint-Alby, où elle ne fut pas plutôt, qu'il
„ vit entrer dans ladite maison ledit sieur Sirven,
„ en compagnie d'Antoine Huc, & entendit qu'on
„ disoit que ledit Huc étoit l'Exprès qu'on lui avoit
„ envoyé audit Aygues-Fondes, pour lui apprendre
„ la fuite de sa fille ".

Marie Bausse, (3) " qu'elle vit partir, le soir
„ qu'Elisabeth Sirven disparut de sa maison, ledit
„ sieur Sirven, son pere, avec M. d'Esperandieu fils,
„ & qu'ils s'en furent au Château d'Aygues-Fondes,
„ & qu'à la pointe du jour on lui avoit envoyé un
„ Exprès audit Aygues-Fondes, pour lui dire que la-
„ dite Elisabeth sa fille, avoit disparu dans la nuit
„ de sa maison ; qu'on n'en savoit aucune nouvelle ".

Demoiselle Elisabeth Salvetat, (4) " qu'elle vit

---

[1] Dixieme témoin de la même information.
[2] Onzieme témoin de l'information du 15 Janv. 1762.
[3] Douzieme témoin de la même information.
[4] Treizieme témoin de la même information : le même fait est attesté par le quatorzieme témoin de la même
information.

» partir, avant la nuit qu'Elisabeth Sirven disparut de
» sa maison, le sieur Sirven pere, qui prenoit le che-
» min qui va à Aygues-Fondes, & que le lende-
» main matin elle s'en fut dans la maison dudit Sir-
» ven, audit Saint-Alby, pour prendre part au cha-
» grin qui venoit de leur arriver, où elle trouva la
» mere de ladite Bellote avec plusieurs personnes,
» & un instant après elle vit entrer dans ladite mai-
» son led. sieur Sirven pere, qu'on lui dit qu'on avoit
» été chercher au Château d'Aygues-Fondes où il
» avoit couché ».

Jeanne Montagut, (1) « dépose qu'étant chez la
» veuve Paille, dit Notre-Homme, le jour que la-
» dite Elisabeth disparut dans la nuit de sa maison,
» elle vit partir du présent lieu de Saint-Alby, avant
» qu'il ne fût nuit, le sieur Pierre-Paul Sirven, Feu-
» diste, pere de ladite Elisabeth, & le vit monter à
» cheval avec M. d'Esperandieu fils, & qu'ils pre-
» noient le chemin d'Aygues-Fondes, ayant entendu
» dire qu'il avoit conché au Château d'Aygues-Fon-
» des, & que le lendemain bon matin on lui avoit
» envoyé un exprès audit Aygues-Fondes, pour le
» faire venir audit Saint Alby, de tâcher de pouvoir
» découvrir ce qu'étoit devenue Elisabeth Sirven,
» sa fille ».

On demandera, peut-être, pourquoi le sieur
d'Esperandieu, fils, le sieur d'Esperandieu, son
pere, & la Dame sa mere, ne furent point assignés
à la Requête du Procureur Fiscal, ou à celle de
Sirven ?

Ce dernier ignore quelles ont été les raisons du
Fiscal ; mais voici les siennes : le sieur d'Esperan-

––

[1] Seizieme témoin de l'information du 15 Janv. 1762.

dieu prétend avoir la Justice de Saint-Alby ; il y a même un Procès pendant, à cet égard, entre ce Seigneur & la Communauté de Mazamet. C'eut été reconnoître sa Jurisdiction, que de rendre témoignage devant ce Juge, & Sirven ne pouvoit point exiger ce sacrifice. Pour le dédommager, en quelque sorte, le sieur d'Esperandieu a donné un certificat, qui, tout extrajudiciaire qu'il est, ne peut pas être passé sous silence.

« Nous, Pierre-Marie-Anne d'Esperandieu,
» Seigneur d'Aygues-Fondes, Saint-Alby, Lacalm,
» Calmont, Coseigneur de la Baronnie d'Haut-
» poul, Mazamet & Hautpoulois, Cheveau-Léger
» de la garde ordinaire du Roi, certifions, pour
» rendre témoignage à la vérité, que je me ressou-
» viens très-parfaitement, comme le 15 Décembre
» 1761, étant à mon Château de Saint-Alby pour
» être présent à la levée de mes Censives, le sieur
» Carcenac & le sieur Sirven qui habitoit avec sa
» famille dans le Château de Saint-Alby, monte-
» rent dans la chambre où l'on faisoit la recette
» desdites Censives ; lesquels je priai à dîner, &
» après la recette faite, ledit sieur Sirven me com-
» muniqua que le lendemain, il avoit résolu de
» mener sa fille Elisabeth, puînée, à M. l'Evêque
» de Castres, pour le prier de vouloir bien recevoir
» sa fille, & en avoir soin, s'il croyoit qu'elle fût
» dans l'état de recevoir les instructions de l'Eglise
» Catholique & Romaine, ou qu'il lui permît de
» la garder & de la régir, suivant la tendresse pa-
» ternelle, suivant l'état que les Dames Régentes
» l'avoient remise à son pere ; qu'au préalable il
» avoit dessein d'aller à Aygues-Fondes trouver M.
» Bel, Vicaire de la Paroisse, pour lui demander
» s'il avoit eu d'ordres ultérieurs, & pour lui dire que
» le lendemain 16 Décembre, il alloit mener sa-

[89]

» dite fille à M. l'Evêque de Castres, pour en faire
» à ses volontés ; comme il m'a dit l'avoir proposé
» différentes fois audit Vicaire, & le soir voulant
» m'en retourner à mon Château d'Aygues-Fondes,
» distant de Saint-Alby d'une lieue de France, j'of-
» fris un cheval audit Sirven qu'il monta pour venir
» à Aygues - Fondes. Il vint avec moi, & étant
» descendu de cheval, il fut chez ledit sieur Vicai-
» re, avec lequel je le vis monter au Château pour
» faire part de son dessein à ma mere, qui le retint
» à souper avec ledit Vicaire, & avec toute la fa-
» mille. On passa l'après soupé dans le sallon avec
» le sieur Carcenac, qui étoit monté chez nous ;
» sur les dix heures le Vicaire & ledit sieur Carce-
» nac allerent chez eux, & ledit Sirven, après avoir
» souhaité le bon soir à toute la famille, fut cou-
» cher à la chambre attenante au sallon, où un
» Domestique de la maison le conduisit avec de la
» lumiere ; que le lendemain matin 16 Décembre,
» un exprès dépêché par le sieur Galibert, Consul
» de Saint-Alby, vint lui annoncer que sa fille puî-
» née s'étoit évadée de la maison dans la nuit,
» qu'on l'avoit cherchée vainement. A cette nou-
» velle, je le vis partir de mon Château d'Aygues-
» Fondes pour se rendte à Saint-Alby auprès de sa
» famille. Au surplus, je déclare avoir reconnu
» que cette fille étoit dans la démence ; lequel état
» étoit de notoriété publique, en foi de quoi je
» donne cette attestation pour servir où pardevant
» qui il appartiendra, y ayant apposé le cachet de
» mes armes : à l'Hôtel des Chevaux-Légers, le 2
» Juillet 1767. D'Esperandieu d'Aygues - Fondes,
» signé.

Après la lecture d'un pareil certificat, & des dépositions qui le précédent, on ne présume point
qu'il puisse rester le moindre doute sur l'*alibi* de
Sirven.

V.

Sentimens du Public sur le malheur d'Elisabeth.

JEANNE GALIBERT, (1) fille du sieur Pierre Galibert, premier Consul de Saint-Alby, « décla- » re, à la fin de sa confrontation, que ledit jour » 16 Décembre 1761, le bruit dans Saint-Alby » étoit que la fille de l'accusé devoit être à Cauca- » lieres, chez M. le Curé ou autre maison, & que » le sieur Galibert, son pere, lui dit d'aller pour » s'en informer, de même que chez M. le Curé » d'Auxillon, pour savoir de ses nouvelles ».

Antoine Huc, « que le soir du même jour après » soupé, il s'en fut avec le sieur Lades, & un neveu » de Sirven au lieu de Caucalieres, pour en savoir » des nouvelles, parce qu'on avoit dit que ladite » Elisabeth Sirven avoit passé à Caucalieres ».

Elisabeth Benazeth, « que le soir du même jour » on dit, à la métairie de Laborie près Saint-Alby, » qu'on avoit vu passer à Caucalieres ladite Elisa- » beth ; son mari partit dès avoir soupé avec le » sieur Lades, qui reste au Masage de Laborie, & » le sieur Montredon, neveu de la mere de ladite » Elisabeth Sirven, pour aller audit Caucalieres, & » s'étant informés avec plusieurs personnes dudit » Caucalieres, si on l'avoit vu passer, on lui dit » que non ».

Antoine Paillié, « convient avoir entendu dire, » lors de la disparition d'Elisabeth, que le sieur » Curé de Caucalieres avoit dit qu'elle se trouvoit » bien ».

---

(1) Quarante-quatrieme témoin confronté.

Marie Galibert « convient avoir entendu dire
» alors que le Curé de Caucalieres avoit dit, en
» paſſant le bateau, que les parens de cette fille
» n'avoient point à ſe chagriner, qu'elle étoit mieux
» que chez eux ».

Me. Langard, Curé de Saint-Pierre de Frontze,
dit dans ſon récollemene du 18 Juin 1762, « qu'il
» demanda un jour à une femme qui occupe un ap-
» partement dans la maiſon du ſieur Sirven, à Saint-
» Alby, ſi on avoit des nouvelles de ladite Eliſabeth,
» laquelle lui répondit que non, & que le ſieur Cor-
» biere, Chirurgien de Mazamet, avoit dit qu'il
» falloit qu'elle fût en lieu de ſûreté. Le dépoſant
» dit alors, ces gens là qui la gardent chez eux ont
» tort de ne pas en donner avis à ſes parens pour les
» tirer de peine ».

Tous les témoins qui ont été interpellés ſur la
ſenſation que fit dans le Village la diſparition d'E-
liſabeth & la découverte de ſon cadavre, dépoſent
unanimement qu'ils n'ont jamais cru ni même ſoup-
çonné que Sirven *fût coupable, adhérant ni complice de la mort tragique de cette fille, ni aucun de
ſes parens ;* (1) on a dû remarquer qu'en parlant de
cet événement, les Témoins ſe ſont toujours ſervis

----

[1] Antoine Paillié, Conſul de Saint Alby, deuxieme té-
moin confronté ; Jacqnes Averoux, auſſi Conſul de Saint-
Alby, quatrieme témoin confronté; Pierre Auſſenac, auſſi
Conſul de Saint-Alby, treizieme témoin confronté ; Sieur
Fabre, Régent des Ecoles de Saint-Alby, vingt-unieme
témoin confronté ; Marie Galibert, fille de Pierre, premier
Conſul de Saint-Alby, vingt-troiſieme témoin confronté ;
Me. Galet, Médecin, trente-unieme témoin confronté ;
Me. Sers, Lieutenant Principal au Sénéchal de Caſtres, &
Subdélégué de l'Intendant, quatre-vingtieme témoin de
l'information de Caſtres.

des expressions suivantes : *le jour qu'Elifabeth Sir-*
ven s'étoit évadée . . . . , la nuit qu'elle difparut
de la maifon de fon pere . . . . . . , la veille de fa dif-
parition. Tous leurs récits fe reffemblent fur ce
point & ne donnent aucune idée de violence.

Il eft prouvé que pendant tout le jour & le lendemain de la difparition d'Elifabeth, & de la decou-
verte de fon cadavre, *tous les gens du Village,*
tant hommes que femmes, furent à la maifon de l'ac-
cufé pour lui témoigner leur peine de ces deux événe-
mens, & leur donner les fecours & les confolations
dans leur trifte affliction, que tout le monde les a
regrettés de leur chagrin & peine ; que tous les habi-
tans allerent prendre part à l'affliction de la famille
de l'accufé, & les confoler de la perte qu'ils venoient
de faire (1).

N'oublions jamais que le furlendemain de la découverte du cadavre, quarante - cinq Témoins furent entendus à Saint - Alby ; c'eft-à dire, tout le
Village. Pas une voix ne s'éleva cependant pour accufer la famille Sirven; & quoique tous les Témoins
foient catholiques, quoiqu'ils parlent tous de la prétendue vocation d'Elifabeth, aucun ne laiffe entre-
voir le plus léger foupçon contre cette famille infortunée, tant l'imputation d'un crime fi horrible
paroiffoit contraire à l'idée qu'ayoit le public des
mœurs, de la vertu, de la tolérance de Sirven & de
fa femme, & de leur tendreffe pour leur fille Elifabeth.

Si la voix du Peuple doit être regardée comme

---

[1] 4, 13, 15, 16, 19, 20, 21, 23, quarante-
quatrieme témoins confrontés. 16 & trente-deuxieme témoin de l'information du 6 Janvier 1762, 11, 12 de l'information du 15 Janvier 1762.

la voix de Dieu ; c'eſt, ſurtout, lorſqu'elle s'abſ-
tient d'accuſer dans ces premiers momens, où les
têtes échauffées, par des événemens extraordinaires,
ſe portent facilement à tout imaginer & à tout croire.
C'eſt une eſpece de prodige que dans un Village,
preſque tout catholique, la calomnie n'ait fait entendre aucun cri défavorable à Sirven.

Les circonſtances de cet événement funeſte four-
niſſent encore à l'accuſé de nouveaux moyens de défenſe qu'il eſt temps de raſſembler. S'il eſt affreux
pour un pere de rappeller un ſouvenir ſi cruel, il eſt
doux de juſtifier la nature, & de preſenter à des Juges humains, les preuves douloureuſes, mais con-
ſolantes de ſon innocence.

V I.

Circonſtances particulieres du malheur d'Eliſabeth.

ELISABETH diſparoît la nuit du 15 au 16
Décembre 1761, & ſon cadavre eſt découvert par
haſard la nuit du 3 au 4 Janvier ſuivant. S'eſt - elle
précipitée elle - même dans le puits de Saint - Alby
dans un moment de délire ? Y a-t-elle été jettée par
ſes parens après avoir été étranglée dans ſa maiſon ?
Problême horrible, & dont la ſeule propoſition
fait frémir.

Sirven pere, étoit abſent la nuit de la diſparition
de ſa fille ; il ſoupa & coucha dans le Château
d'Aygues-Fondes : ce n'eſt donc pas lui qui aura
porté ſes mains barbares ſur Eliſabeth, & qui, après
l'avoir immolée à ſon fanatiſme, l'aura précipitée
dans le puits de Saint-Alby.

Aucun étranger ne parut dans le Village de Saint-

Alby , ni ce jour-là , ni le jour d'auparavant. Tous les habitans ont été entendus dans la premiere information ; aucun n'a dit avoir vu des étrangers , ni dans le Château qu'habitoit Sirven , ni dans aucune autre maison de Saint - Alby. Antoine Huc , locataire dans le même Château , raconte aux Demoiselles Langard (1) qu'il avoit passé, avec la famille Sirven , la soirée qui précéde la disparition ; il ne dit pas qu'il y eût aucun étranger : on sent combien il est difficile que des étrangers ne soient pas vus & reconnus dans un Village tel que Saint - Alby , & dans un Château habité par d'autres Locataires , & qui ce jour-là même avoit été fort fréquenté , à raison de l'arrivée du Seignenr , qui y dîna , & de la levée de ses Censives.

A quelles mains Sirven aura - t - il donc confié l'exécution de cet abominable parricide ? Une mere âgée de 63 ans , une sœur grosse de trois mois & une autre moins âgée qu'Elisabeth. Voilà tout ce qui resta dans le Château après le départ de Sirven.

Peignons nous , puisqu'il le faut , le combat affreux d'une fille défendant sa vie contre une mere dénaturée , & contre deux sœurs qui s'élancent sur elle pour l'étrangler. Supposera-t-on qu'elle ne fit aucune résistance , & que ces trois prétendues furies exécuterent leur horrible projet sans faire le moindre bruit ? Cependant Antoine Huc , qui logeoit immédiatement au-dessous de l'appartement occupé par la famille Sirven , ne dit pas qu'il ait rien entendu (2). Elisabeth Benazeth , sa femme ,

---

[1] 3 & septieme témoin de l'information d'Auxillon.
[2] Dans l'inform. du 15 Janvier 1762 , Antoine Huc , premier témoin , « dépose que la mere de ladite Elisabeth » Sirven s'étant apperçue qu'elle étoit sortie de sa chambre ,

qui étoit éveillée & affise sur son lit, donnant du lait à son nourrisson, n'entend· d'autre bruit que celui d'une personne qui ouvre la porte de la rue (1).

Ces deux témoins, s'ils eussent été confrontés, auroient donné des éclaircissemens bien plus précis sur des circonstances vraiment importantes. Le Procureur Fiscal ne jugea pas à propos de les faire présenter à l'accusé, sous prétexte qu'ils ne disoient rien à sa charge ; mais il devoit suffire à Me. Trinquier que Sirven le demandât. Pourquoi d'ailleurs laisser à l'écart les deux témoins les plus essentiels de la Procédure, les seuls qui pouvoient

---

» elle fut de suite heurter à la porte du Déposant avec Jeanne » Sirven son autre fille, lequel se leva à l'instant en chemise & » vit ladite Dlle. Sirven, sa mere, qui tenoit avec ses mains » ses jupes, qu'elle n'avoit pas eu le tems sans doute de faire » tenir, & lui dit que sa fille Bellote venoit de sortir de la mai- » son ; elle pria le Déposant de sortir pour tâcher de la dé- » couvrir.

Le même témoin, qui est le huitieme de l'information du 6 Janvier 1762, dépose « que le jour que ladite Elisabeth » Sirven disparut de sa maison, environ une heure après » minuit, Jeanne Sirven, sœur de ladite Elisabeth, fut heur- » ter à la porte du Déposant pour le faire lever, & vit des- » cendre tout de suite l'escalier à la mere de ladite Elisabeth, » qui dit au Déposant que Bellote Sirven avoit disparu ; le » Déposant n'ayant pas entendu ouvrir la porte dudit château.

(1) Dépose « qu'en allaitant un de ses enfans, elle entendit » environ ladite heure de minuit, que quelqu'un ouvroit la » porte de la rue de leur maison, croyant qu'il fut alors jour, » *& quelque instant après* Jeanne Sirven, sœur de ladite Eli- » sabeth, descendit de l'appartement haut, & fut heurter à » leur porte ; & son mari s'étant levé, ladite Jeanne Sirven » lui dit que ladite Elisabeth Sirven leur manquoit ; qu'elle » étoit sortie dehors & pria son mari d'aller voir si ladite Eli- » sabeth ne seroit point entrée dans quelque maison dudit » lieu ». Neuvieme témoin de l'information du 6 Janv. 1762.

parler du moment de la disparition d'Elisabeth ?
Au lieu de craindre que la vérité ne sortît du choc
des interpellations faites à ces deux témoins, le
Fiscal devoit souhaiter au contraire que l'accusé y
trouvât son entiere justification. On pardonne à des
Parties civiles & interressées, de n'interroger que
les témoins qui peuvent donner des preuves du délit. Qu'elles profitent à la bonne heure de la rigueur
de notre Jurisprudence criminelle ; mais la partie
publique exerce un ministere d'impartialité : il lui
est permis de faire des vœux pour l'inutilité de ses
poursuites. Elle doit même n'oublier jamais que la
sûreté publique ne seroit qu'un vain nom , si chaque citoyen perdoit le sentiment de la sûreté particuliere.

Le sieur Trinquier , sommé par cinq différens
actes de faire confronter tous les témoins , répond
qu'il n'en est pas tenu , & il cite l'Ordonnance de
1670. On convient que cette Loi s'en rapporte à
la prudence du Juge sur le choix des témoins confrontables. Mais elle suppose des Juges sages &
impartiaux. Elle permet par-là au Juge de faire
confronter même un témoin qui ne chargeroit point
l'accusé, lorsqu'il pourroit donner des éclaircissemens qu'on chercheroit inutilement ailleurs, & sur-
tout lorsque l'accusé le demande (1).

Mais enfin , puisque Sirven n'a pu obtenir d'être
confronté à Antoine Huc & à sa femme , il faut du
moins interpréter favorablement tout ce qui a été
déposé par ces deux témoins ; & puisqu'aucun d'eux
n'a dit avoir entendu du bruit , il faut supposer

______

(1) Combien n'en a-t-on pas confronté à Sirven, qui ne
le chargeoient point dans leurs dépositions, le Vicaire Bel,
le Consul Averoux & beaucoup d'autres.

qu'ils

qu'ils n'en entendirent point en effet, & qu'ils l'auroient répondu de même, si le Juge moins impartial les eût interrogés là-dessus, ou si le Procureur
Fiscal eût hasardé de les présenter à Sirven.

La femme d'Antoine Huc étoit éveillée, lorsqu'elle entendit ouvrir la porte de la rue. Elle dit
qu'un instant après la mere & la fille cadette des-
cendent l'escalier & viennent réveiller son mari.
Demoiselle Jeanne-Marie Lengard (1), sœur du
Curé d'Auxillon, dépose « que le nommé Huc
» du lieu de Saint - Alby, qui demeure dans la
» maison dudit Sirven, avoit été chez la Dépo-
» sante le lendemain que ladite Elisabeth avoit
» disparu, pour lui demander si cette fille étoit
» chez elle ; & lui ayant demandé ce que c'étoit,
» ledit Huc lui dit, qu'Elisabeth Sirven avoit
» disparu dans la nuit, qu'il en avoit passé une
» partie avec elle & sa famille ; & quand il fut
» retiré dans sa chambre, il entendit une heure
» après ouvrir la porte, & qu'après quelque ins-
» tant, les parens de ladite Sirven le firent lever,
» lui disant qu'elle avoit disparu, & qu'il étoit
» allé à sa recherche. » La Demoiselle *Rennée Lengard*, autre sœur du Curé d'Auxillon, témoigne
es mêmes faits [2]. Il n'y a point ici de milieu :
il faut nécessairement convenir, ou que ce fut
Elisabeth Sirven qui ouvrit la porte de la rue, &
alors l'accusation s'évanouit ; ou supposer que
Marie-Anne Sirven, grosse de trois mois & d'un
tempérament très-foible, emporta seule sur ses
épaules le cadavre de sa sœur, l'alla jetter dans le
puits, & qu'au même instant son autre sœur & sa

---

(1) Troisieme témoin de l'information d'Auxillon.
(2) Septieme témoin de la même information.

G

mere defcendirent l'efcalier pour aller heurter à la porte d'Antoine Huc.

Cette fuppofitition horrible & incroyable eft d'ailleurs démontrée fauffe par la Procédure. Car, 1°. c'eft l'inftant d'après l'ouverture de la porte de la rue, que Jeanne Sirven & fa mere defcendirent l'efcalier. Antoine Huc fe leva tout de fuite. Il auroit vu auffi-bien que fa femme, Marie-Anne Sirven, retournant à fon appartement, après avoir dépofé fon affreux fardeau ; étant impoffible de paffer par l'efcalier fans être apperçu de la chambre d'Antoine Huc, lorfque la porte eft ouverte. 2°. Antoine Huc fortit tout de fuise pour aller heurter à la porte du Conful Galiber. Or, Jeanne Galiber, fille du Conful, déclare dans fa confrontation « que dès qu'elle eut ouvert la porte de » fa maifon (à la mere & Antoine Huc), elle fut » au Château pour donner du fecours à la fille aî- » née de l'accufé, qui étoit enceinte, & beau- » coup d'autres femmes y accoururent auffi [1].

Ce n'étoit donc point Marie-Anne Sirven qui avoit ouvert la porte de la rue. Ce n'étoit pas non plus Toinette Leger, ni fa fille cadette, puifque ces dernieres defcendirent à la chambre d'Antoine Huc, l'inftant d'après que la porte de la rue eut été ouverte. Ce fut donc Elifabeth Sirven qui fortit feule, qui ouvrit la porte & qui alla fe précipiter dans le puits.

Le fecours de ces preuves légales, étoit-il même néceffaire pour écarter la fuppofition effrayante de cette courfe de Marie-Anne Sirven, chargée du cadavre de fa fœur ? Qui ofera penfer

---

(1) Quarante-quatrieme témoin confronté.

qu'une jeune femme , d'un tempérament très-foible , groffe de trois mois , puiffe feulement concevoir la penfée de defcendre un efcalier , de fortir de fa maifon , d'ouvrir la porte d'un Château , de fortir dans la rue , de marcher feule & dans les ténebres jufqu'au puits , chargée d'un pareil fardeau ? Ah ! quand on lui fuppoferoit une ame affez atroce pour n'être pas épouvantée de cet abominable emploi ; quand on lui fuppoferoit autant de fermeté & de courage qu'elle a de fenfibilité & de foibleffe , le phyfique fe feroit oppofé à l'exécution de fon projet. Elifabeth étoit grande & robufte ; jamais Anne Sirven n'eût pu porter feule fon cadavre & le defcendre au bas de l'efcalier. Peut-on préfumer d'ailleurs que fi la mort d'Elifabeth Sirven eût été projettée & exécutée par ces trois femmes ; fi la fœur aînée eût été chargée de préférence , quoique plus foible que fa fœur, & d'ailleurs enceinte de trois mois , d'aller jetter le cadavre dans le puits ; fi elle fût réellement fortie de la maifon pour remplir cet horrible miniftere, la mere & la fœur n'euffent pas du moins attendu fon retour pour defcendre chez Antoine Huc ? Ne falloit-il pas lui donner le tems d'aller dépofer fon fardeau & de rentrer dans fon appartement ? C'eft prefque au moment même qu'on ouvre la porte de la rue, que la mere & Jeanne Sirven defcendent précipitamment l'efcalier à demi-habillées & vont fonner le tocfin chez Antoine Huc & dans tout le Village. Etoit-ce donc pour faire furprendre Marie-Anne Sirven avant fon retour du puits, qu'elles raffembloient ainfi tant de témoins ?

Eh ! quel dépôt encore auroit-on choifi pour cacher le cadavre d'Elifabeth Sirven ? Un puits qui eft au milieu du village, dans une place pu-

blique & environné de maisons. Il est vrai que
Me. Landes, si réservé dans les questions qu'il
faisoit aux témoins, lorsqu'il présumoit que leurs
réponses iroient à la décharge de l'accusé, eut
l'attention d'en interroger un grand nombre sur
l'usage qu'on faisoit de ce puits ; il est vrai encore que ces témoins ont répondu qu'on ne se
servoit du puits qu'en tems de vendanges. Mais
reste toujours qu'il est peu vraisemblable qu'on
eût choisi pour cacher le cadavre d'Elisabeth,
un puits placé au centre du village, dans lequel
on pouvoit, à tout moment regarder, quoiqu'on ne s'en servît point : ce qui arriva la nuit
du 3 Janvier pouvoit arriver en tout autre tems.
Ce puits étant à portée de tous les enfans du
village, il eut été naturel de prévoir que le
cadavre seroit bientôt découvert.

Quelle imprudence enfin ne faudroit-il pas
supposer de la part des prétendus auteurs du
parricide qui auroient laissé si long-tems ce cadavre dans le puits ! Dix huit jours s'écoulerent
depuis la disparition d'Elisabeth jusqu'à la découverte de son cadavre. On auroit bien pu, après
les premiers jours, & lorsque le public croyoit
cette fille enfermée dans un Couvent, retirer son
cadavre du puits & l'enterrer sans bruit dans
quelque endroit écarté.

Tout se réunit donc ici pour démontrer l'innocence de Sirven : preuves physiques & de
fait, preuves morales & de sentiment. Le Juge
de Mazamet n'a pu, sans une extrême injustice,
laisser sur la tête de ce malheureux pere, la note
honteuse & désolante d'un hors d'instance.

Comment soupçonner un pere d'avoir versé
son propre sang ? Comment supposer qu'un pere
tendre débute par un parricide ? Est-ce là le

coup d'essai d'un citoyen vertueux qui rompt, pour la premiere fois, la chaîne de ses devoirs? Un pere qui a fait preuve de tolérance, qu'on a vu toujours prêt à remettre sa fille au premier Pasteur qui voudroit s'en charger, qui alloit la présenter lui-même à M. l'Evêque de Castres, seroit-il passé, tout-à-coup, aux plus effroyables accès du fanatisme?

Si l'on veut rappeller le souvenir des extravagances d'Elisabeth chez les Dames Régentes, de ses propos insensés, de ses attentats contre son pere & sa mere, de ses grimaces autour du puits fatal qu'elle choisit enfin pour son tombeau, on aura de la peine à comprendre qu'on ait pu sérieusement mettre la mort de cette fille sur le compte d'un pere, dont l'absence est invinciblement prouvée.

Oublions toutefois, pour un instant, les preuves de l'*alibi* de Sirven, celles de sa tolérance, & de sa tendresse pour sa fille; mettons à l'écart toutes les autres circonstances de la mort d'Elisabeth, & examinons cet événement en lui-même; voilà le cadavre d'une fille trouvée dans un puits: est-ce son pere qui l'y a jettée après lui avoir donné la mort, ou s'y est-elle précipitée elle-même dans un moment de fureur ou de désespoir? Qui osera résoudre cet horrible problême, & prononcer contre la présomption de l'amour paternel?

On n'a vu que trop d'enfans abréger les jours de leurs peres; mais les annales des crimes fournissent peu d'exemples de peres qui ayent égorgé leurs enfans. Rome, qui donnoit à ses citoyens un pouvoir absolu dans leurs familles, a-t-elle eu souvent à se repentir d'une Jurisprudence qui nous paroît atroce? Quand le parricide a été si raré chez un peuple qui ne le puniſſoit point, doit-on le préſumer facilement dans une nation dont les mœurs ſont plus douces, & qui le regarde, avec raiſon, comme le plus déteſtable de tous les crimes ? Quel eſt l'homme raiſonnable qui oſera ſuppoſer un parricide ; là où le ſuicide eſt non-ſeulement poſſible, mais même plus vraiſemblable ? Quelque empire qu'ait ſur nous l'amour de la vie, cette eſpece de gloire qu'on trouve à la mépriſer, l'ennui, le déſeſpoir ou la démence ont fait un nombre infini de ſuicides. Il n'eſt point de nation qui ne fourniſſe chaque année quelques victimes de ce faux héroïſme : combien pourroit-on compter de parricides dans un ſiecle ?

Mais les preuves morales perdent, dit-on, toute leur force, lorſqu'il eſt queſtion de religion. Le fanatiſme rend vraiſemblables des crimes que la nature & la raiſon nous feroient regarder comme impoſſibles. Quel frein peut arrêter des hommes qui ſont parvenus à cet excès d'abrutiſſement, que de croire honorer le Ciel par d'affreux ſacrifices, & qui oſent dreſſer dans leurs maiſons un tribunal de ſang, où l'autorité paternelle croit pouvoir ſuppléer à l'autorité civile qui ſe refuſe à leur fureur.

Tel a été le langage du Fiſcal & du Juge de Mazamet. Langage digne de leur prévention & de leur ignorance. Sans doute la nature eſt muette lorſqu'un faux zele de religion parle à des eſprits fanatiques. L'Hiſtoire ne nous fournit que trop de preuves de cette terrible vérité. Mais heureuſement tous les ſiecles ne ſe reſſemblent point. Le fanatiſme n'eſt ici que du côté du Juge & de la cabale de Caſtres qui le faiſoit mouvoir. Il a paru dans l'enlévement d'Eliſabeth qu'on arra-

cha, contre toutes fortes de loix, des bras &
de la maifon de fon pere. Le fanatifme a paru
dans les démarches violentes des Dames Noires,
& des protecteurs qu'elles avoient féduits ; dans
leur acharnement à perfécuter Sirven, à le noir-
cir auprès de M. l'Intendant, par des mémoires
calomnieux, à provoquer perpétuellement des
ordres pour le contraindre à envoyer fa fille dans
leur maifon, en même tems qu'elles refufoient
de l'y recevoir à caufe de fon état (1). Il a paru
dans la conduite du Fifcal & du Juge, dans ces
monitoires fanguinaires qui étoient un fignal de
mort contre Sirven, dans ces pieges indignes,
bas & lâches qu'on tendit à fa bonne foi en l'ad-
mettant pour partie civile, & en lui faifant écrire par le Greffier ; il a paru dans le changement
de la relation de Gallet & Huffon, dans les inter-
rogatoires de Me. Jalabert, où on lui fit un crime
de défendre un Proteftant ; dans l'obftination de
Me. Landes à demeurer Juge, quoique parent
de l'un des accufés, dans les pourfuites qui furent faites, à raifon du prétendu enlévement du
cadavre, après qu'on eut permis de l'inhumer.
Le fanatifme a paru dans la nouvelle forme d'Ordonnance de Monitoire de l'Official de Caftres.
Il a paru dans le refus d'interpeller les Témoins,
& de préfenter à la confrontation ceux qui pouvoient donner quelques lumieres, en même tems
qu'on rempliffoit cette formalité à l'égard des
morts. Le fanatifme a paru dans les briefs intendits de Trinquier, dans la violence dont on
ufa envers Me. Boulade, pour lui faire figner le

---

(1) Comme fi cet état pouvoit lui permettre de courir les
rues.

G iv

décret, dans la précipitation avec laquelle la
Procédure fut inſtruite & jugée, dans les concluſions atroces du Fiſcal, dans les diſpoſitions
contradictoires de la Sentence de contumace, enfin dans le *ſolvit* même de cette Sentence où l'on
ne craignit point de profaner le nom de la patrie
en le faiſant ſervir à conſacrer ce qui la déſho-
nore. Lorſque le Tribunal de Mazamet ſe ſera
juſtifié le premier du reproche de fanatiſme, on
lui permettra d'en accuſer enſuite Sirven.

Gardons-nous de réfuter ſérieuſement une erreur abſurde déja détruite dans l'opinion publique, & qu'on ne parvint à accréditer que dans
un moment d'efferveſcence. Eh ! dans quel ſiecle & ſous quel regne a-t on oſé calomnier une
communion entiere, par l'imputation d'un dog-
me affreux qu'elle ne connut jamais ! Quand
l'eſprit de tolérance a heureuſement diſſipé ces
préjugés ſanguinaires qui ont ſi long-tems ſouillé
le Royaume ; quand les premiers Miniſtres de la
Religion ſemblent avoir adopté, enfin, les principes de douceur & d'humanité qui diſtinguent
la morale de leur divin Maitre ; lorſqu'ils com-
mencent de comprendre que ſi quelque choſe
mérite le reſpect des hommes, ce ſont les droits
de la conſcience, même erronée, lorſque les
Tribunaux ont apperçu que le ſiſtême de l'intolérance civile eſt intimément lié au ſyſtême de
de la dépoſition des Rois ; [1] lorſqu'enfin la
France n'eſt plus qu'un peuple de freres, ſous

---

(1) Si l'on accoutume le peuple a croire qu'on peut employer la force contre des citoyens qui penſent autrement
que lui, on lui perſuadera difficilement qu'il doit reſpecter
l'autorité d'un Souverain dont la croyance n'eſt pas la ſienne.

un gouvernement juste & modéré ; qui croira que les Protestans Français, ayent choisi ce même tems pour enfanter des maximes barbares, inconnues à leur secte, dans la plus grande chaleur des persécutions ?

Loin de nous cette Jurisprudence atroce qui croit si facilement les crimes, & qui méprise assez les hommes pour penser qu'on peut ériger le parricide en système. On auroit dû sentir que des calomnies de cette nature ne pouvoient que nuire aux conversions des Protestans. Un fils de famille, qui voudroit abandonner leur secte pour se jetter dans la religion catholique, craindroit infailliblement que sa conversion ne fît un jour le malheur de sa famille [1]; plus son cœur seroit vertueux, plus cette crainte agiroit sur lui, & retarderoit l'effet de la grace.

Laissons donc au Tribunal de Mazamet le triste avantage de combattre, par des calomnies absurdes, les preuves morales de l'innocence de Sirven ; preuves respectables & sacrées, puis-

---

(1) Marie Galibert dépose qu'Elisabeth Sirven lui dit qu'elle vouloit se faire Catholique, Apostolique, Romaine ; qu'elle l'avoit priée de le dire à M. le Vicaire ; & une autre fois qu'elle vouloit rester comme elle étoit, c'est-à dire protestante, *parce qu'elle avoit peur qu'on ne fît périr son pere & sa mere,* vingt-septieme témoin de l'inform. du 6 Janv. 1762.

Marie-Anne Viala dépose que ladite Viala demanda à Elisabeth Sirven, pourquoi elle étoit sortie de chez les Damés Régentes ; ladite Elisabeth lui répondit : *qu'on l'avoit rendue malade & foible, en lui faisant des rapports, que son pere étoit à Ferrieres, tantôt aux Galeres, à cause de son changement:* quinzieme témoin de l'information de Castres.

Demoiselle Jeanne Fabre, vingt-huitieme témoin de la même information, atteste les mêmes faits que la Demoiselle Viala rapporte.

qu'elles font puifées dans le fein de la nature ; preuves qui procureroient feules à Sirven le relaxe qu'il follicite , puifqu'il fera jugé par des peres.

Mais pouvoit-on s'attendre que le Juge de Mazamet fe rendît à des vérités de fentiment , lui qui a refifté à des vérités de fait qui font du reffort de toutes les ames & de tous les efprits ? L'*alibi* de Sirven étant démontré , il falloit commencer par mettre en fait qu'il n'étoit point l'auteur de la mort de fa fille. Il ne reftoit alors qu'à examiner s'il l'avoit ordonnée , & fi c'étoit en exécution de cet ordre prétendu qu'Elifabeth avoit perdu la vie. Or exifte-t-il dans la Procédure , on ne dit pas la moindre preuve , mais la moindre préfomption, mais le plus léger indice de cet ordre atroce ? Il eft prouvé que Sirven n'a pu employer le miniftere d'aucun étranger. Il faudroit donc fuppofer qu'il auroit chargé fa femme & fes deux filles de l'exécution du Jugement fanguinaire qu'il auroit prononcé contre Elifabeth. Mais on a déja vu que cette prétendue exécution étoit phyfiquement impoffible. L'âge & la foibleffe de Toinette Léger , la groffeffe & le tempéramment de Marie-Anne Sirven , qui , dans l'ordre de la Procédure , auroit dû être chargée en feul du tranfport du cadavre ; enfin , la pofition des lieux , le monde qui accourut auprès de Marie-Anne Sirven , l'inftant après qu'on eut ouvert la porte de la rue , tout concourt à démontrer l'impoffibilité du parricide.

Toutes ces preuves , foit morales , foit phyfiques , reçoivent une nouvelle force de cette circonftance , qu'elles font prifes dans la Procédure même de l'accufateur ; & de quel accufateur ? On a vu tout ce que la cabale de Caftres

& le Tribunal de Mazamet ont fait pour infpirer au peuple leur propre fanatifme. C'eft après
avoir échauffé les têtes par des Monitoires, par
des Décrets, par le fpectacle d'une famille dif-
perfée & mife en fuite, qu'on a fait entendre
un nombre prodigieux de Témoins. Le Ciel, qui
veille fur l'innocence, pouvoit feul détourner de
la tête de Sirven l'effort de tant de machines
dreffées pour le perdre. On ne devoit guere s'attendre à trouver la juftification de Sirven dans
une Procédure bâtie avec tant de prévention &
de malignité. On ne fera pas moins furpris de
voir à quoi fe réduit cette Procédure, par rapport aux faits qui peuvent être à la charge de
Sirven.

§. I I.

Second moyen de relaxe, pris du défaut de preuves.

On chercheroit inutilement des preuves contre Sirven, dans une Procédure où l'accufateur
n'a fu trouver que des indices; non de ces indices
violens, qui, fuivant les Criminaliftes, peuvent
en quelque forte être regardés comme des preuves du délit : les faits, dont on a déja rendu compte annoncent d'avance qu'il n'y fauroit y avoir
des indices de cette qualité. Mais le Juge de
Mazamet, enchériffant fur les Criminaliftes les
plus féveres, a cru pouvoir affeoir un Jugement de rigueur fur des indices, non feulement
foibles & légers, mais encore détruits par toute
la Procédure.

En lifant le dernier interrogatoire de Sirven,
on voit qu'on a voulu tourner en indices contre lui, 1°. la répugnance qu'il a montrée à

l'abjuration de fa fille. 2°. Ses allarmes lors des premiers actes de la Procédure & fa fuite hors du Royaume après le décret. 3°. Le réfultat du rapport du Médecin & du Chirurgien. Ouvrons la Procédure, & rangeons les dépofitions des Témoins fuivant ces trois différentes claffes d'indices.

PREMIERE CLASSE D'INDICES.

Répugnance de Sirven à l'abjuration de fa fille.

IL n'eft pas befoin de dire qu'il n'y a que les Témoins confrontés qui puiffent faire preuve contre Sirven. Voyons donc ce que ces Témoins ont dit relativement à cette premiere claffe d'indices.

Le Sieur Sers, Subdélégué, (1) dépofe que Me. Bel, Vicaire de Saint-Alby, lui raconta que » ladite Elifabeth Sirven avoit un defir fincere » d'être inftruite dans la Religion Catholique, » qu'elle ne faifoit pas difficulté de le déclarer » en public, auffi-bien qu'en particulier, mê- » me devant fes pere & mere ; que ceux-ci la gar- » doient beaucoup & la maltraitoient pour ré- » primer fes bons fentimens de religion, & lui » faifoient de grandes menaces fi elle entrepre- » noit de fortir pour aller à l'Eglife.

Réponfe. Le fieur Sers ne parle ici que fur le rapport d'autrui. Le Vicaire Bel s'exprime bien différemment dans fa dépofition. Loin de parler de menaces ni de mauvais traitemens, il

---

(1) Quatre-vingtieme témoin de l'information de Caftres.

raconte « que Sirven lui a offert plusieurs fois
» sa fille ; que la mere de ladite Elisabeth répon-
» dit , qu'elle n'avoit qu'à aller à l'Eglise , &
» que si elle étoit dans l'intention de professer
» publiquement la Religion Catholique , elle étoit
» libre , ladite Elisabeth ayant dit qu'elle n'étoit
» pas maltraitée de ses parens à cause du dessein
» qu'elle avoit ; mais qu'elle étoit fort libre » [1].
La déposition du sieur Sers est donc anéantie ,
à cet égard , par celle du Vicaire Bel. Ajoutons que le sieur Sers , lorsqu'il parle d'après
lui-même , atteste la tolérance de Sirven , comme on l'a vu plus haut.

Quelques Témoins déposent avoir entendu dire « qu'Elisabeth Sirven vouloit se faire Catho-
» lique , & qu'à cause de ce changement son pere
» & sa mere l'avoient menacée : qu'ils la gar-
» doient à vue , & qu'ils ne vouloient pas qu'elle
» parlât à aucun Catholique , [2] qu'on l'avoit
» revêtue d'un habit de Capucin, dansl aquelle ro-
» be on lui avoit attaché ses bras , ensorte qu'elle
» ne pouvoit pas les remuer ; mais qu'ayant la lan-
» gue libre, elle disoit qu'elle vouloit revenir chez
» les Dames Noires , & alors on lui faisoit don-
» ner des coups par un de ses cousins , nommé
» Montredon [3].

Quelques autres Témoins prétendent tenir
d'Elisabeth même , « que sa mere étoit en cole-

____

(1) Troisieme témoin de la continuation d'information du
15 Janvier 1762.

(2) Douzieme témoin de l'information du 6 Janv. 1762.
Deuxieme témoin confronté. Seizieme témoin de la même
information Vingt-unieme témoin confronté.

(3) 71 & soixante-douzieme témoin de l'information de
Castres , 35 & trente-sixieme confronté, les autres Pensionnaires se sont copiées littéralement.

[110]

» re de ce qu'elle vouloit venir à l'Eglife , qu'on
» la regardoit de mauvais œil , & que fa mere
» lui avoit dit que fi elle ne profeffoit pas la Re-
» ligion Proteftante , elle n'auroit d'autre bour-
» reau qu'elle ; [1] qu'on la gardoit à vue afin
» qu'elle n'eût pas de conférences avec des Ca-
» tholiques ; qu'elle étoit grondée de fes parens
» de ce qu'elle avoit des conférences à leur infçu
» avec le Vicaire de la Paroiffe ; [2] que quoique
» fes parens l'infultaffent beaucoup , elle perfifte-
» roit beaucoup , & que fi elle favoit écrire elle
» fe tireroit d'affaires. [3] Que fans la crainte de
» fon pere elle iroit à l'Eglife. [4] Que fa mere ,
» à caufe de fon changement , la grondoit [5] ;
» qu'un jour , avant de fe mettre à table , fon
» pere lui demanda fi elle croyoit la préfence
» réelle , qu'elle lui répondit qu'elle la croyoit
» fermement ; & que fon pere voulant pour
» lors la maltraiter , un Proteftant , ami de la
» maifon , l'en empêcha , & lui repréfenta qu'il
» falloit la ramener par la douceur , & qu'elle
» repliqua : mon pere vous pouvez faire de moi
» ce qu'il vous plaira ; [6] qu'elle avoit été trou-

------

(1) Sixieme témoin de l'information du 30 Avril 1762,
feizieme confronté ; troifieme témoin du récolement du 18
Juin 1762 , deuxieme de la confrontation littérale.

(2) Quatrieme témoin de l'information du 30 Avril 1762,
dix feptieme confronté.

(3) Cinquieme témoin de l'information d'Auxillon , dix-
huitieme confronté.

(4) Deuxieme témoin de l'information de Caftres , vingt-
deuxieme confronté.

(5) Dixieme témoin de l'information du 30 Avril 1762 ,
vingt-troifieme confronté.

(6) Dix-huitieme témoin de l'information de Caftres ,
vingt-quatrieme confronté , cinquieme de la même information , vingt-cinquieme confronté , vingt-neuvieme témoin
de la même information, vingt-neuvieme confronté.

» blée par les menaces que ses parens lui faisoient
,, faire de la faire mettre dans une prison ; [1]
» que son pere lui avoit donné un souflet ve-
» nant de voir les Régentes ; [2] que dans le tems
» qu'elle étoit chez les Régentes il lui tardoit de
» voir sa mere & non son pere qui la maltraitoit ;
» [3] & que ses parens l'avoient attachée un jour
» à la quenouille du lit, ajoutant que quoique fis-
» sent ses parens, ils ne sauroient pas sa pen-
» sée ; qu'on lui avoit fait une robe de sarge,
» qu'ils lui faisoient porter sans autre chose ; [4]
» qu'elle vouloit être Catholique ; mais que ses
» parens l'en empêchoient , en la tenant enfer-
» mée ; [5] que ses parens en lui mettant la robe
» de Capucin , lui disoient que M. l'Evêque la
» lui envoyoit pour la punir de la démarche
» qu'elle avoit faite pour abjurer la Religion de
» ses pere & mere ; que toutes les fois qu'elle
» revenoit du Couvent, on la faisoit battre par
» un de ses cousins ; qu'on ne lui donnoit que
» très-peu de pain & de l'eau ; qu'on lui avoit
» ôté un chapelet qu'on jetta au feu ; qu'un jour
» sa mere ; qui s'apperçut qu'elle venoit de faire
» quelqu'une de ces courses, lui donna d'un trous-
» seau de clefs sur le visage ; [6] que la mere la

---

(1) Dix-septieme témoin de la même information , vingt-huitieme confronté.

(2) Trentieme témoin de la même information , tren-tieme confronté.

(3) Vingt-deuxieme témoin de la même information , trente-deuxieme confronté.

(4) Quarante-troisieme témoin de la même information , trente-troisieme confronté.

(5) Dixieme témoin de l'information de Castres , vingt-sixieme témoin confronté , onzieme témoin de la même information , vingt-septieme témoin confronté.

(6) Cinquante-troisieme témoin de la même information ,

„ grondoit & ne vouloit pas qu'elle parlât avec
„ les Catholiques ; [1] qu'on lui avoit brûlé les
„ chapelets ; [2] qu'un jour qu'elle avoit été à la
„ Cathédrale, on l'avoit fort maltraitée ; [3] que
„ ses parens étoient ridicules de ne pas vouloir
„ laisser la liberté d'être Catholique ; qu'ils la
„ maltraitoient ; [4] qu'étant sortie la Semaine-
„ Sainte pour aller à l'Eglise, étant rentrée dans
„ sa maison, son pere lui ayant fait avouer qu'elle
„ venoit de l'Eglise, vouloit la précipiter par la
„ fenêtre, & l'auroit peut-être fait si sa mere &
„ la sœur ne l'en avoient empêché [5].

Réponse. Il y a ici deux classes de témoins :
les uns parlent d'après des bruits populaires &
vagues, & ceux-là ne méritent aucune attention :
d'autres parlent d'après Elisabeth même, ce qui
rend leurs dépositions moins étrangeres à l'accusation, quoique dans le fonds elles ne soient pas
plus concluantes. Il est donc question de peser les
faits qu'ils articulent ; d'examiner quelle foi on
doit y ajouter, & quelles inductions on peut
en tirer contre Sirven.

Observons d'abord qu'aucun de ces témoins

---

quarante-deuxieme confronté, cinquante-huitieme témoin
de la même information, quarante troisieme confronté ;
toutes les autres Religieuses ont répété mot à mot les mêmes
choses.

(1) Septieme témoin de l'information du 3 Avril 1762,
& le quarante-quatrieme confronté.

(2) Huitieme témoin de l'information de Castres, le
troisieme de la confrontation littérale.

(3) Neuvieme témoin de la même information, le quatrieme de la même confrontation.

(4) Trente-cinquieme témoin de l'information de Castres,
cinquieme de la confrontation littérale.

(5) Trente-troisieme témoin de la même information, le
quarantieme témoin confronté.

n'ayant

n'ayant vu ni entendu les menaces & les mauvais traitemens dont Elifabeth s'eft plainte à eux, toutes leurs dépofitions réunies aboutiffent à Elifabeth Sirven, & par conféquent ne peuvent pas faire plus de foi que le Mémoire qu'on adreffa pour elle à M. l'Intendant, ou qu'une plainte qu'elle avoit préfentée en Juftice à raifon de ces prétendus mauvais traitemens. Or dans aucun Tribunal du monde on n'a regardé comme prouvés des faits articulés dans un Mémoire ou dans une Requête en plainte. Il faut que des témoins affirment d'après eux-mêmes, d'après ce qu'ils ont vu ou entendu, les faits libellés par le plaignant. Ainfi, puifqu'Elifabeth n'auroit pas été écoutée en Juftice, fi elle n'eût fait que réunir dans une Requête tous les faits récueillis dans la Procédure, fans en rapporter ou en offrir la preuve, à combien plus forte raifon faut-il repouffer des témoins qui ne font que répéter les propos d'Elifabeth, & qui vraifemblablement y ont beaucoup ajouté ?

La Cour eft fuppliée de remarquer que toutes ces dépofitions fe rapportent au temps qu'Elifabeth étoit chez les Dames Régentes, ou au temps qui a fuivi fa fortie. Or l'on a vu quel étoit l'état de fa tête à ces deux époques. Pourroit on ajouter beaucoup de foi aux propos qu'on lui prête, quand on fuppoferoit que les témoins n'y ont rien ajouté !

Elifabeth vouloit fe marier & fe faire Catholique : c'étoit principalement à ces deux objets que fon imagination fe portoit pendant les momens lucides de fa maladie. Son efprit n'avoit certainement ni la maturité ni la folidité néceffaires pour le choix d'une religion. Mais enfin il paroît que ce fut là fa vocation depuis fa premiere fortie de la maifon paternelle. Cette vocation lui étoit-elle infpirée par la grace ou par tout autre mouvement ? C'eft fur quoi il n'appartient à perfonne de prononcer. Son pere étoit hors d'état de lui payer une penfion dans un Couvent. Il eft poffible que pour toucher fes Convertiffeurs, & les engager à faire tous les frais de fa converfion, comme ils avoient déjà commencé, elle exageroit fes malheurs domeftiques. Peut-être n'avoit-elle d'autre objet que de fe faire plaindre, & de fe rendre plus intéreffante aux yeux des Catholiques à qui elle confioit fes prétendus malheurs.

Quoi qu'il en foit, rien de plus foible que ces fortes de dépofitions, comparées avec les preuves pofitives & multipliées de la tolérance de Sirven, dont on a vu le détail dans la premiere partie de ce Mémoire. N'oublions jamais que les témoins qui ont fait parler Elifabeth, font les Dames Noires de Caftres, leurs penfionnaires & quelques petites femmes du peuple, qui n'ont fait que répéter ce qui leur a été infpiré par les Dames Régentes, & par leurs fanatiques adhérans. L'aveu qu'une de ces Dames a fait de la maniere dont leurs dépofitions ont été préparées, fuffiroit déjà pour les décréditer, indépendamment de toute autre raifon. Mais la famille Sirven avoit difparu au moment qu'on entendoit les témoins de Caftres : des Monitoires foudroyans appelloient tout le peuple à révélation : une foule de Décrets au corps laxés tout à coup, avoient encore échauffé les têtes. Le moyen de croire innocens des malheureux, que la Juftice d'un côté, & la Religion de l'autre, dénonçoient comme coupables ! Étonnons-nous que Sirven n'ait pas été plus calomnié par des témoins fi bien préparés. Il falloit bien dire quelque chofe pour participer à la bonne œuvre des Dames Noires ; & que pouvoient imaginer de plus fage ceux qui n'avoient rien vu ni rien entendu, que de faire parler Elifabeth qui n'étoit plus en état de les contredire ?

Heureufement le plus grand nombre des propos

attribués à Elifabeth, se trouvent démentis par la Procédure, ensorte qu'il faut tenir pour certain, ou qu'Elifabeth en a imposé aux témoins, ou que ceux-ci se sont fauffement servis du témoignage d'Elifabeth pour calomnier sa famille.

On lui fait dire, par exemple, qu'on la gardoit à vue pour l'empêcher de parler à des Catholiques, tandis qu'il n'y a aucun fait mieux prouvé dans les Informations, que la facilité qu'avoit Elifabeth Sirven de conférer avec eux, de les visiter, de paffer les matinées, les après-midi, & les foirées dans des maifons Catholiques avec son ouvrage. Si ses parens lui euffent fait cette prétendue défenfe, il faudroit convenir qu'ils auroient été bien peu obéis. Car il y a plus de cent cinquante témoins Catholiques qui ont eu des entretiens avec Elifabeth, & qui en parlent dans leurs dépofitions.

Catherine Franc [1] dit, qu'Elifabeth Sirven *avoit été fouvent travailler chez elle, & la Dépofante lui a très-fouvent demandé fi on la maltraitoit.* Elifabeth alloit donc fouvent chez Catherine Franc, qui fans doute ne lui auroit pas fait ces queftions, fi Elifabeth n'avoit pas été feule chez elle & fans fa mere.

Jacques Averoux (2), ancien Conful de Saint-Alby, dit « qu'Elifabeth Sirven venoit chez lui au
» four, mander, porter la pâte, en rapporter le
» pain, tantôt feule, tantôt en compagnie de fa
» mere ou de fa fœur; qu'elle eft venue d'autres
» fois feule, & fouvent chez lui, témoin, *avec fa*
» *befogne à tricoter*, & qu'il l'a vue auffi aller dans
» d'autres maifons du Village, de même *avec fa*
» *befogne*, & qu'il ne lui eft jamais revenu que ladite
» Elifabeth ait été gênée & enfermée par fes parens

______

(1) Neuvieme témoin de l'information de Caftres. Quatrieme témoin de la confrontation littérale.

(2) Quatrieme témoin confronté.

» pendant tout le temps qu'elle a resté à Saint-Alby ».

   Jeanne Escudié (3), convient " que dans le
» temps que l'accusé & sa famille ont resté à Saint-
» Alby, la fille de l'accusé a eu la liberté d'aller
» dans toutes les maisons particulieres *toute seule*,
» & que jamais de la vie on ne l'a tenue enfermée ».

   Marie Galiber (1), déclare « que ladite Elisa-
» beth alloit souvent chez elle *seule*, tantôt le soir,
» tantôt l'après - dinée, & qu'elle n'a jamais su, ni
» entendu dire, que ledit accusé & son épouse, ni
» aucun de sa famille, ayent gêné ni maltraité la-
» dite Elisabeth Sirven ».

On pourroit citer cent autres dépositions, qui affirment ou qui supposent la liberté qu'avoit Elisabeth Sirven, de voir des Catholiques, de conférer avec eux, de passer même partie de la journée dans leurs maisons avec *sa besogne*. Elle a donc menti aux témoins à qui elle a dit le contraire, ou, ce qui est plus vraisemblable, ces témoins ont menti à la Justice.

Comment Elisabeth, si elle n'étoit dans un moment de délire, auroit-elle pu dire que sa mere *la regardoit de mauvais œil de ce qu'elle vouloit aller à l'Eglise ; qu'elle la grondoit de ce qu'elle avoit des conférences avec le Vicaire de la Paroisse ; que sa mere l'avoit ménacée, en cas qu'elle ne professât pas la Religion Protestante ; qu'elle n'auroit pas d'autre Bourreau qu'elle ?* On vient de voir que le Vicaire Bel, chargé par état & par une commission particuliere, de surveiller la conduite des Sirven, à l'égard d'Elisabeth, atteste la liberté que la mere Sirven donnoit à sa fille, & le témoignage que celle-ci rendit devant le Vicaire de la liberté dont elle jouissoit. Elle déclare *qu'elle n'est point maltraitée de ses parens, à cause du dessein qu'elle avoit, mais qu'elle*

<hr>

(3) Huitieme témoin confronté.
(1) Huitieme témoin confronté.

étoit fort libre. Plusieurs témoins ont déposé qu'elle étoit tendrement aimée de ses parens ; qu'elle étoit plus caressée que ses sœurs, & sur tout par sa mere. Le Vicaire Bel recommande à Elisabeth, *en cas que ses parens vinssent à la maltraiter, d'aller le déclarer aux Consuls.* Il enjoint au Consul Averoux, en présence d'Elisabeth, *que si les parens de la fille ne vouloient pas la recevoir, quand elle viendroit de l'Eglise, de la prendre chez lui, & lui fournir le nécessaire.* Cependant le Consul Averoux (1), qui rend compte de cet entretien & de cette injonction, atteste que jamais Elisabeth Sirven ne lui a porté plainte d'aucun mauvais traitement.

Lorsque Elisabeth déclare à toutes les personnes qui l'interrogent, qu'elle n'a point à se plaindre de ses parens, comment ajouter foi à ces confidences clandestines, que certaines femmelettes lui prêtent si gratuitement ? Il est difficile de confondre un témoin qui allegue des propos tenus par quelqu'un qui n'est plus. L'anecdote calomnieuse concernant la dispute sur la présence réelle, est une fable qui choque le bon sens. Sirven n'agitoit pas des questions de contreverse avec ses enfans, & moins encore avec une fille dont la santé étoit alors dans l'état le plus déplorable. Les témoins qui en parlent ne nomment point quel est ce Protestant qu'on prétend avoir calmé le couroux paternel : la Demoiselle Albarede, après avoir rapporté dans sa déposition le conte ridicule de cette dispute scholastique, dit cependant dans sa confrontation, *qu'elle n'a jamais su, ni entendu dire, que ledit accusé ni sa femme, maltraitassent leurdite fille, étant presque toujours en campagne.*

Jeanne Roques, qui fait dire à Elisabeth qu'elle

____

(1) Quatrieme témoin confronté.

fut menacée par son pere d'être jettée par la fenêtre, a heureusement coarcté l'époque de cette prétendue menace. Si les autres témoins en avoient
fait autant, il eût été facile de les confondre. Il est
certain qu'à cette époque, & même long-temps
avant & après, Sirven étoit à Toulouse à la suite
d'un procès qui regardoit le sieur Puechbertou.
C'est-là un fait dont la preuve ne seroit pas difficile.
On peut juger par-là quelle foi mérite le bavardage
de toutes ces femmes qui ont fait parler Elisabeth
au gré des inspirateurs secrets qui les poussoient à
révélation.

Elisabeth Sirven a-t-elle dit en effet aux témoins
» que son pere lui avoit donné un soufflet, venant
» de voir les Régentes ; qu'on l'avoit attachée à une
» quenouille du lit, ajoutant que, quoique fissent
» ses parens, ils ne sauroient pas sa pensée ; qu'on
» la tenoit enfermée ; qu'on lui avoit mis une robe
» de Capucin ; qu'on avoit brûlé ses Chapelets ;
» qu'un jour sa mere s'appercevant qu'elle venoit
» de faire quelqu'une de ses courses, lui donna d'un
» trousseau de clefs dans le visage ».

Il y a quelques-uns de ces faits qui sont vrais, &
Elisabeth n'a menti, ou les témoins en son nom,
qu'en leur donnant une fausse cause. Il est cerrain
qu'après sa sortie du Couvent, Elisabeth étoit dans
un état, qui força ses parens à la tenir enfermée
depuis la mi-Octobre 1760, jusques vers la fin du
Carême de l'année suivante. L'on en a vu la preuve
dans la premiere partie de ce Mémoire. Les Dames
Régentes n'en avoient-elles pas fait autant ? Ce
n'est point à cause de sa vocation pour le Catholicisme, qu'elles l'emmenerent à l'Evêque *qui la
gronda ; ce qui lui fit demander grace.* Ce n'est point
parce qu'elle vouloit être Catholique, qu'elles lui
donnoient la discipline, qu'elles l'enfermoient dans

une chambre, & qu'on la faifoit coucher dans une efpéce de fac. Sa famille fut réduite à prendre fes dernieres précautions; il fallut affujettir fes bras avec un vêtement étroit pour l'empêcher de fe barbouiller de fon ordure, comme cela lui étoit arrivé plufieurs fois, & d'attenter fur elle - même & fur les autres, comme cela lui étoit arrivé plus fouvent encore.

Il eft très-vrai auffi qu'Elifabeth Sirven, qui s'é-chappoit quelquefois de la maifon pour aller vaguer dans la Ville, à l'infçu de fes parens, courant de maifon en maifon, chez les Dames Régentes & ailleurs, étoit quelquefois grondée par fes parens au retour de ces courfes indécentes, qui dans l'état où elle étoit, pouvoient lui devenir fi funeftes. Voilà pourquoi ils demandoient toujours qu'on fe chargeât de leur fille, offrant de la remettre à quiconque voudroit s'en charger. Ils fentoient que tant qu'elle demeureroit avec fes parens, on ne manqueroit pas de donner un principe criminel aux corrections que fa conduite pourroit lui attirer. Sirven n'a pu éviter le malheur qu'il a fi fagement prévu : des ames atro-ces lui ont fait un crime de fon devoir même : on a érigé en indices de parricide, & les précautions que la tendreffe paternelle mettoit en ufage pour prévenir de plus grands défordres, & les leçons de décence que la Religion obligeoit de donner à une fille qui, fous prétexte de chercher des Inftructions, s'échappoit fans ceffe des bras de fa mere.

Mais ces corrections paternelles dont Sirven fe fera toujours honneur, n'alloient jamais jufqu'à por-ter fes mains fur elle. Jamais Toinette Leger ne fe permit des actes de violence trop éloignés de fon caractere. C'eft un témoignage qu'auroient rendu à ces époux infortunés tous les habitans de Caftres qui fréquentoient leur maifon, fi le Fifcal de Ma-zamet avoit eu affez d'humanité pour les faire en-

tendre. Elifabeth, elle-même, a fuffifamment juftifié fes parens de tout reproche de violence. M. l'E-
vêque de Caftres pourroit dire fi Elifabeth fe plaignit
à lui d'aucun mauvais traitement, fi elle n'attefta
point au contraire la tendreffe de Sirven & de fa
femme. Elle leur a rendu la même juftice toutes les
fois qu'elle a été légalement interrogée, foit à Caftres, foit à Saint-Alby.

C'eft peut-être le repentir de fon ingratitude envers fes parens ; c'eft la crainte de leur attirer un
jour des perfécutions, qui, plus que tout autre chofe, contribua au dérangement de la tête d'Elifabeth Sirven.

Demoifelle Marie - Anne Viala, femme de Me.
Jofeph Bardou, Avocat (1), dépofe " que lui
» ayant demandé pourquoi elle fortit de chez les
» Dames Régentes », ladite Elifabeth lui répondit
*qu'on l'avoit rendue malade & foible, en lui fai-
fant des rapports, tantôt que fon pere étoit à Ferrieres, tantôt aux Galeres, à caufe de fon changement.*
Demoifelle Jeanne Fabre (2), époufe du fieur
Grillon, dépofe *la même chofe*.

Marie Galiber (3), fille du premier Conful de
Saint-Alby, dépofe " qu'Elifabeth lui dit *qu'elle*
» *vouloit refter comme elle étoit, c'eft-à-dire Protef-*
» *tante, parce qu'elle avoit peur qu'on ne fît périr*
» *fon pere & fa mere* ».

Mais c'eft trop s'arrêter à des dépofitions qui, par
elles-mêmes, ne méritent aucune foi, & qui d'ail-

---

(1) Quinzieme témoin de l'information de Caftres. Trente-huitieme confronté.

(2) Vingt-huitieme témoin de l'information de Caftres.
Trente-neuvieme témoin confronté.

(3) Vingt-feptieme témoin de l'infomation du 6 Janvier
1762. Huitieme témoin confronté.

leurs ſe trouvent victorieuſement détruites par le reſte de la Procédure.

Il y a cependant cinq à ſix témoins qui articulent des faits particuliers dont il ſemble qu'ils avoient une connoiſſance perſonnelle. Expoſons leurs dépoſitions, & terminons par-là l'examen de cette premiere claſſe d'indices.

Marguerite Glories (1) « dépoſe avoir entendu
» une fois que la mere de ladite Eliſabeth l'appella,
» parce qu'elle étoit venue s'aſſeoir près la Dépo-
» ſante, & autres perſonnes toutes Catholiques, & la
» Dépoſante entendit que ſa mere lui dit, dès qu'elle
» fut auprès d'elle, qu'elle étoit une ſotte ; qu'elle
» vouloit faire ſans doute, comme elle faiſoit à
» Caſtres, roder toujours, & d'être la même ».

Réponſe. Cette dépoſition ne fait que confir-
mer l'habitude où étoit Eliſabeth, ſoit à Caſtres,
ſoit à Saint-Alby, de roder toujours ſans la permiſſion de ſa mere. On a vu plus haut, qu'on
n'empêchoit pas Eliſabeth d'aller paſſer la ſoirée
avec ſa beſogne chez des femmes Catholiques. Mais
ſa mere ne lui permettoit pas & ne devoit pas lui
permettre d'aller perdre ſon temps avec des femmes,
ſoit Proteſtantes, ſoit Catholiques ; de s'aſſeoir
auprès d'elles ſans rien faire que *des grimaces de la
tête*, ainſi que la *Glories* le rapporte dans ſa confrontation.

Anne Bonnet (2) « dépoſe que la mere de ladite
» Eliſabeth Sirven, dit à la Dépoſante que ſa fille
» vouloit ſe faire Catholique, mais que ſi elle le

---

(1) Vingt-troiſieme témoin de la même information. Septieme témoin confronté.

(2) Vingt-quatrieme témoin de la même information.
Cinquieme témoin confronté.

» faifoit , elle ne vouloit point la fouffrir dans la
» maifon auprès d'elle ».

Réponfe. L'événement n'a que trop prouvé combien ce projet étoit fage. Quel eft le pere Proteftant, qui fans une imprudence extrême , auroit
pu garder dans fa maifon un enfant Catholique ,
dans un temps de délire où l'on rendoit les peres
refponfables de tous les accidens qui pouvoient arriver ? Qu'on fe rappelle toutes les perfécutions que
Sirven eut à effuyer à Caftres , & les perfécutions
plus cruelles encore qui ont fuivi la mort d'Elifabeth , quoiqu'elle n'eût pas fait abjuration ; & qu'on
blâme enfuite Sirven & fa femme d'avoir defiré que
leur fille fe fît inftruire hors de leur maifon des
principes de la Religion Catholique.

Sufanne Cambounet (2) , dépofe « qu'un jour
» fous la treille de fa maifon , la mere d'Elifabeth
» Sirven donna un foufflet à fa fille pour avoir fait
» le figne de la croix , parce que deux heures fon-
» noient ; que la fille dit à fa mere qu'elle étoit un
» diable , *& que dans cette occafion ladite Sirven*
» *lui parut être dans fon bon fens* ; mais que dans
» une autre occafion elle lui a entendu tenir des pro-
» pos qui prouvoient qu'elle varioit. »

Réponfe. Toutes les prieres des Proteftans com-
mencent & finiffent par l'invocation *du Pere* , *du*
Fils & du S. Efprit ; leur *Credo* eft femblable en
tout à celui des Catholiques , & l'on veut que Toinette Leger , la plus douce , la plus tendre & la
plus raifonnable des meres , ait donné un foufflet à
fa fille , parce qu'elle avoit fait le figne de la Croix ?
Les Proteftans croient auffi-bien que les Catholi-

____

(1) Cinquantieme témoin de l'information de Caftres.
Trente-quatrieme confronté.

ques à la Sainte Trinité. Susanne Chambounet étoit-elle dans son bon sens elle-même, lorsqu'elle a prononcé sur la sagesse d'Elisabeth Sirven, à la suite du propos hardi qu'elle tint à sa mere ?

Toinette Leger déclare au Vicaire Bel & au Consul Averoux, devant sa fille, qu'elle ne s'oppose pas qu'elle soit Catholique, *qu'elle offre de la lui remettre tout présentement ;* & cette même femme se sera portée à cet excès de violence, que de donner un soufflet à sa fille pour avoir fait le signe de la Croix ? S'il étoit vrai que Toinette Leger eût frappé sa fille, il faudroit croire qu'Elisabeth se seroit attirée ce soufflet par son peu de respect pour sa mere. Elle ne se bornoit pas toujours à l'insulter, puisqu'il est prouvé par la Procédure qu'elle la battoit quelquefois.

Antoinette Bouisset (1), dépose qu'un « jour » étant à la riviere, la mere d'Elisabeth Sirven lui » dit qu'elle aimeroit mieux voir ladite Elisa- » beth pendue, que de la voir Catholique, ne se » rappellant pas le jour, mais que c'étoit dans le » temps que ladite Elisabeth étoit chez les Dames » Régentes ».

Réponse. Il seroit facile de prouver que Toinette Leger n'alloit jamais laver à la riviere. Son âge, sa mauvaise santé, l'avoient forcée depuis long-temps de laisser ce soin à ses filles : si la prudence de Toinette Leger étoit connue de ses Juges, comme du public de Castres, ils croiroient encore moins qu'elle eût tenu un propos si inconsidéré à une fille qu'elle ne connoissoit pas ; mais le témoin est la fille d'un misérable artisan, qui ne jouissoit pas d'une grande

---

(1) Troisieme témoin de l'information de Castres. Trente-septieme témoin confronté.

[124]

réputation de probité. On sent combien la subor-
nation a de prise sur de pareilles gens , & combien
il est facile de calmer leurs scrupules , lorsqu'on
peut surtout soulager leur conscience , par la fausse
idée de servir la Religion en calomniant un Protestant.

Joseph Fabre (1), Arpenteur, habitant de Castres « dépose que le jour qu'Elisabeth Sirven fut
» chez les Dames Régentes, il étoit chez Sirven,
» pere, & après qu'il eut fait beaucoup de recher-
» ches pour trouver ledit Sirven sur le soir du même
» jour, Sirven pere dit au Déposant ; *j'aimerois*
» *mieux savoir ma fille noyée, que de la savoir où*
» *elle est, voulant dire chez les Régentes* ».

Réponse. Voilà l'unique déposition dans une Procédure composée de près de deux cens témoins,
qui chargé Sirven d'une maniere directe. Joseph
Fabre parle ici d'après ce qu'il prétend avoir entendu ; il n'articule cependant qu'un seul propos bien
peu concluant, si on le compare à tout ce que Sirven a dit & fait pour prouver sa résignation au changement de sa fille.

Mais l'épreuve de la confrontation a fait dispa-
paroître cette foible présomption d'intolérance. Le
témoin convient qu'il sortit de la maison de l'accusé
vers les deux heures de l'après - midi, & que c'est
avant de se retirer que l'accusé lui tint le propos par
lui déposé. Il n'est donc pas possible que Sirven lui
ait parlé des Dames Régentes, puisqu'Elisabeth
Sirven ne fut menée chez ces Dames qu'à l'entrée de
la nuit. Ce n'est qu'alors aussi que Sirven fut instruit
du sort de sa fille, qu'il avoit ignoré jusqu'à ce
moment.

____

(1) Quarante-quatrieme témoin de l'information de Castres. Quarante-unieme témoin confronté.

Le sieur Fabre, qui ne savoit pas pourquoi l'accusé exigeoit de lui qu'il fixât les époques avec tant de précision, comprit enfin que Sirven pouvoit en tirer un argument invincible de la fausseté de la déposition ; & c'est pour cela qu'avant la clôture de sa confrontation, il fit ajouter que sa révélation, répétition & récolement étoient véritables, *à l'exception du mot, c'est-à-dire chez les Dames Régentes, qu'il n'a pas entendu dire cela, mais seulement là où elle est.*

Ainsi en voulant éviter un abyme, ce faux témoin est tombé dans un autre. Il avoit dit sur la seconde interpellation, que lorsqu'il retourna l'après-midi chez Sirven, *il le trouva avec toute sa famille dans une affliction extrême de ne savoir où la fille de l'accusé étoit allée ; si quelqu'un lui avoit fait violence, ou si elle ne seroit pas tombée dans la riviere, en voulant aller chercher de l'eau ou laver du linge.*

L'accusé ignoroit donc alors ce que sa fille étoit devenue. Comment auroit-il pu dire au sieur Fabre *qu'il aimeroit mieux que sa fille fût noyée, que là où elle est ?* Nous tenons donc ici un faux témoin, qui, terrassé par une interpellation pressante, a voulu corriger & adoucir sa premiere calomnie, & qui n'a pas su voir qu'en la mutilant, il la rendoit inconciliable avec ses précédens aveux.

Voilà donc cette premiere classe d'indices réduite, à l'égard de Sirven, à une seule déposition démontrée fausse par le langage même du témoin.

SECONDE CLASSE D'INDICES.

Allarmes & démarches de Sirven lors des premiers Actes de la Procédure. Fuite précipitée de Sirven hors du Royaume.

SIRVEN parut effrayé, dès qu'il fut inftruit qu'on avoit commencé une Procédure à l'occafion de la mort de fa fille ; il fit agir Me. Jalabert, fon confeil, pour découvrir le fecret de la relation du Médecin & du Chirurgien ; il prit la fuite au moment même où il fut averti du décret ; il étoit donc coupable du patricide.

La cabale de Caftres & le Tribunal de Mazamet ont pu raifonner ainfi ; ils ont pu même s'autorifer du fentiment de quelque criminalifte, à qui la terreur & la fuite ont paru des indices décififs. Eft-il en effet quelque abfurdité en cette matiere, qu'on ne puiffe appuyer de l'opinion de quelqu'un de ces Jurifconfultes fpéculatifs qui n'ont étudié le cœur humain que dans leur cabinet? Ils ont cru beaucoup faire pour la fûreté publique en pofant les principes d'une théorie fanguinaire qui, fi elle étoit fuivie dans la pratique, forceroit tout homme raifonnable à s'aller cacher dans les bois.

Sirven a craint & a dû craindre ; il a fui & a dû fuir ; il a dû redouter le Tribunal de Mazamet ; parce que, quiconque a la moindre lueur de raifon, & qui fait comment s'inftruifent les Procédures criminelles dans les Jurifdictions fubalternes, ne peut qu'éprouver une jufte terreur au feul nom d'une accufation capitale, quelque calomnieufe qu'elle puiffe être.

Qu'on inrerroge les gens éclairés & prudents ; ils diront que le premier confeil qu'on doit donner à un accufé, pour fi innocent qu'on le fuppofe, c'eft de commencer par mettre fa perfonne en fûreté. Ce moyen, fi humiliant & fi douloureux pour l'innocence, eft devenu néceffaire, par la dureté de notre legiflation criminelle. Nous avons des Loix fpéculatives pleines d'humanité & de fageffe : les Loix Romaines, les Capitulaires de Charlemagne, font faits pour raffurer tout accufé à qui fa confcience ne reproche rien. Mais nos Loix Pratiques, plus dignes du Code de Dracon que de celui d'une nation douce & polie, doivent néceffairement effrayer l'homme le plus vertueux : on n'a qu'à remarquer de quels témoins font ordinairement compofées nos Procédures criminelles. N'eft-il pas convenu que des perfonnes d'un certain état, d'un certain rang, ne doivent point être affignées fi elles n'y confentent, & qu'on doit toujours fuppofer qu'elles n'ont rien vu ni entendu (1)? Cette opinion publique, qui eft le réfultat de nos mœurs, eft en même temps la cenfure la plus humiliante de nos Loix. Perfonne ne rougiffoit d'être témoin, chez les Romain ; perfonne n'en rougit dans des nations voifines ; parce qu'il n'y a en effet rien de plus digne d'un Citoyen que de rendre témoignage à la vérité. Mais chez ces nations, l'inftruction criminelle fe fait contradictoirement : elle n'eft redoutable qu'au crime. L'accufé a la liberté de fe défendre. Parmi nous, c'eft une inquifition fecrete, qui ne laiffe de reffource qu'aux accufés adroits ou puiffans. Nous avons pris des Romains les petiteffes & les fubtilités de leurs Loix, & nous n'avons pas fu faifir ces

---

(1) Jamais l'Abbé de Barral ni la Dlle. de Rochechinard, fa fœur, n'auroient dépofé dans une Procédure où il n'eût pas été queftion de religion.

grands principes d'humanité, ces leçons sublimes
d'équité & de douceur, qui ont fait survivre l'empire de leur législation a l'anéantiſſrment de leur
puiſſance.

Il y a long - temps que les vrais Magiſtrats gé-
miſſent des atteintes que ſouffre la liberté civile
dans les Tribunaux établis pour la protéger. Mais
le caractere de notre nation eſt de s'endormir au
ſein des abus les plus révoltans. On ſe fait une
cruelle habitude de regarder comme juſte ce qui eſt
autoriſé par une loi injuſte. Souvent même on va
plus loin que la loi, parce que lorſqu'une loi eſt
atroce, on croit entrer dans l'eſprit du Légiſlateur,
en l'exécutant avec atrocité.

Mais le temps viendra, & il n'eſt pas ſans doute
éloigné, où l'on fera ceſſer ce contraſte choquant,
que des Magiſtrats éclairés ont remarqué entre nos
mœurs & nos loix, entre notre Code civil & notre
Code criminel (1). Cette réformation ſalutaire,
ſollicitée par les vœux de la nation, eſt digne d'un
regne de modération, d'humanité & de juſtice.

Si les allarmes & la fuite d'un accuſé n'ont jamais du être regardées comme des preuves ni des
indices du délit, que ſera-ce lorſqu'il s'agira d'un
prétendu crime où l'on aura cru la religion inté-
reſſée, & que le fanatiſme aura pourſuivi ? C'eſt
bien dans ces ſortes d'accuſations qu'il eſt permis à
l'innocence de s'allarmer & de craindre. On ne ſait
que trop combien ſont redoutables des Témoins &

---

(1) N'eſt-ce pas une choſe bien étonnante que notre Lé-
giſlation civile fourniſſe tant de reſſources au défendeur
pour le plus léger intérêt pécuniaire, & que notre Légiſla-
tion criminelle en fourniſſe ſi peu, lorſqu'il eſt queſtion
de l'honneur & de la vie ?

des

des Juges qui croient avoir en main la caufe du Ciel. Que le Lecteur impartial combine les dates de la fuite de Sirven, & de certains événemens contemporains ; & qu'il décide enfuite s'il faut faire un crime à cet infortuné de fes allarmes & de fa fuite.

Eh ! comment Sirven auroit-il pu fe raffurer fur le fentiment de fon innocence à l'afpect du Tribunal qui devoit le juger ? On lui dit que la premiere relation du Médecin & du Chirurgien a été changée, parce qu'elle n'étoit pas au gré du Tribunal ; il fait que la cabale de Caftres fouffle fon venin à Mazamet ; il voit que le Juge inftruit une Procédure fur le prétendu enlévement du cadavre, après avoir permis de l'inhumer ; il apprend qu'on refufe de faire entendre les temoins qui l'avoient vû fouper & coucher au Château d'Aygues-Fondes, & qu'on fait un crime à Me. Jalabert de défendre un Proteftant ; il voit enfin qu'après l'avoir reçu partie civile, après lui avoir fourni des lettres ajournatoires pour faire entendre des témoins à fa requête ; après l'avoir fait artificieufement avertir par une lettre du Greffier de fa defcente à Caftres, le Juge le décrete au corps, lui, fa femme & fes enfans : interrogeons les cœurs, & demandons quel eft l'homme qui, à la place de Sirven, n'auroit pas pris la fuite.

Quant aux démarches prétendues de Sirven, il eft convenu qu'on ne peut lui en reprocher aucune qui lui foit propre ; mais on a voulu tourner en indices contre lui, celles de Me. Jalabert, fon confeil ; de forte qu'il faut juftifier ici, non les démarches de l'accufé, mais celles de fon défenfeur. On fent d'avance combien de pareils actes, étrangers à Sirven, feroient peu concluants contre lui, quand même on pourroit accufer Me. Jalabert d'avoir pouffé trop loin le zele qu'il devoit à fon client.

I

Me. Galet, Médecin (1), dépose « que le sieur
» Jalabert, Avocat, habitant de Castres, infor-
» mé de la Relation qu'il avoit faite vint dans
» la maison du déposant, & lui dit qu'il ne devoit
» pas douter qu'il ne fût venu pour lui parler au
» nom de Sirven, afin de savoir ce qui pouvoit
» être contenu dans sa Relation ; ..... qu'on de-
» voit toujours rendre service aux malheureux,
» & que Sirven étoit dans ce cas ; qu'il lui feroit
» plaisir de lui communiquer la minute de ladite
» Relation ; à quoi le déposant répondit qu'il
» l'avoit jettée au feu ; & que quand il l'auroit
» gardée, il ne la montreroit à personne. Le Sr.
» Jalabert revint à la charge, & dit que le dépo-
» sant devoit savoir ce que la Relation contenoit
» sans avoir besoin de minute, & qu'il lui dit en
» gros, que si ledit Sirven avoit quelque chose à
» craindre, il prendroit ses précautions ; à quoi
» le déposant répondit qu'il ne se rappelloit de
» rien ; & que quand même il s'en souviendroit,
» il étoit inviolable dans le secret qu'exigeoit une
» pareille Relation ...... Me. Jalabert insista, &
» dit au déposant qu'il n'avoit qu'à demander tout
» ce qu'il voudroit, que tout seroit bien payé,
» là-dessus le déposant répondit qu'il falloit qu'il
» y eût bien de la hardiesse de la part du sieur Ja-
» labert, pour oser tenter sa probité par des offres
» pareilles, & que pour tout le monde entier, rien
» ne seroit en état de le tenter à ce sujet. Ledit
» Me. Jalabert étant revenu plusieurs fois à la char-
» ge, dit ensuite au déposant : Eh bien, je ne veux
» rien savoir de votre part ; mais considérez que vous

---

(1) Témoin de la continuation d'information du 19 Janvier 1762.

» vous attirez tous les Proteſtans à dos ; & obligé
» comme vous êtes d'aller ſouvent en campagne,
» il pourra vous arriver quelque choſe de fâcheux.
» Là-deſſus le ſieur Jalabert & le dépoſant ſe ſé-
» parerent, après s'être priés à ſouper mutuelle-
» ment (1) : & le ſieur Jalabert reparut le lende-
» main dans la chambre du dépoſant, qui étoit
» encore au lit, & lui dit que le ſieur Sirven ſacrifie-
» roit tout ce qu'il a au monde pour finir une pa-
» reille affaire ; & que quand le dépoſant & le chi-
» rurgien, exigeroient vingt-cinq louis d'or pour le
» changement de la Relation, il les donneroit avec
» plaiſir : à quoi le dépoſant répondit que c'étoit
» trop abuſer de ſa patience. »

Telle eſt la dépoſition de Me. Galet, dans laquelle on peut remarquer d'abord avec quelle malignité il inſinue que les inſtances de Me. Jalabert
avoient pour objet le changement de la Relation,
tandis que tout le reſte de la dépoſition prouve
que cet Avocat ne connoiſſoit point encore ce
qu'elle contenoit, & qu'il ne s'étoit adreſſé au
témoin que pour en avoir un extrait, ou pour
ſavoir de lui verbalement ce qu'il avoit rapporté
ſur l'état du cadavre. Voilà donc Me. Galet en contradiction avec lui-même, & convaincu d'avoir
calomnié Me. Jalabert dans la vue de charger l'accuſé.

On ne parlera point de l'infamie attachée au rôle
odieux de délateur que joue ici ce Médecin. Qui
l'obligeoit à dépoſer dans cette affaire, dès qu'il
n'avoit à rendre compte que d'une converſation particuliere avec Me. Jalabert, d'une priere que lui

---

(1) Comment cet homme ſi délicat prie-t-il à ſouper
quelqu'un qui avoit eu la hardieſſe de tenter ſa probité ?

avoit fait cet Avocat en faveur d'un infortuné ? Il
lui fied bien de fe parer des livrées de la probité &
de la délicateffe, lui qui en a manqué fi effentielle-
ment, en fe portant pour délateur de Me. Jalabert;
lui qui, de fon propre aveu, a configné dans fon
rapport, par complaifance pour le Chirurgien
Huffon, une fauffeté qui pouvoit devenir fi funefte
à Sirven (1).

Le récolement de ce Médecin (2) prouve qu'il
attefte, fans beaucoup de réflexion, les faits les
plus graves : il déclare que fa dépofition eft véritable, fauf l'article où il dit « que c'étoit le fieur
» Jalabert qui lui avoit parlé des vingt-cinq louis
» d'or; mais que c'étoit le fieur Huffon qui lui
» avoit dit fur la place que le fieur Jalabert les lui
» avoit offerts. »

Tout le crime de Me. Jalabert feroit d'avoir
voulu connoître le fecret d'une Relation qui, felon
les premieres notions du droit naturel, auroit dû
être communiquée à Sirven. Quel exemple, &
quelle preuve de ce que nous avons dit plus haut
touchant la tyrannie de nos formes criminelles ! Si
la relation de Galet & Huffon avoit toujours été
inconnue à Sirven, comment auroit-il pu réfuter
dans la confrontation des raifonnemens anatomiques, lui qui de fa vie n'a étudié que l'adaptation
des fiefs ? Comment fes Juges, qui ne font pas
mieux inftruits que lui de ces matieres, auroient-ils
pu s'empêcher de regarder comme vrai ce qui étoit
rapporté par ces deux Experts ? Ces fortes de rapports font les pieces fondamentales des procédures
criminelles, & la Juftice y affeoit fon jugement.

---

(1) On en verra plus bas la preuve & l'aveu
(2) Premier témoin du récolement du 28 Juin 1762

[133]

Cependant dans quel abyme d'inconséquences &
d'erreurs le rapport de Galet & d'Husson ne pouvoit-
il pas entraîner les Juges les plus équitables ? Heureusement pour Sirven, cette Relation si long-temps
secrete, a été enfin connue ; elle a été examinée par
les plus habiles Anatomistes de Paris & de Montpellier, qui ont décidé, qu'elle ne pouvoit être
que l'ouvrage de l'ignorance la plus stupide, ou de
la prévention la plus aveugle. En partant de la décision des maîtres de l'art, Sirven a fait au Docteur Galet des interpellations qui l'ont déconcerté,
& dont il se souviendra, sans doute, plus d'un
jour. Voilà qui justifie d'une maniere bien éclatante
la conduite des Juges souverains, dont l'humanité
adoucit, dans la pratique, la loi tyranique du secret des charges (1).

Le sieur Husson a déjà rendu compte à Dieu de
son rapport & de ses calomnies. Examinons cependant
dant ce qu'il a déposé : (2) il dit « que le 7 du mois

____

(1) Un Jugement civil est nul & cassable s'il a été rendu
sur des piéces non communiquées. Une Loi si sage méritoit
de trouver place de préférence dans notre Code criminel.
Cependant si l'on suivoit à la rigueur l'Ordonnance de 1670,
un accusé ne connoîtroit les pieces les plus décisives de la
procédure qu'au moment de la confrontation, par une lecture rapide, qu'un accusé ne peut guere saisir dans un moment de trouble, s'il est question sur tout de rapports de
Médecins, qui ne manquent jamais d'employer des termes
barbares peu entendus des accusés. Il est vrai que dans la
Pratique les Tribunaux tolérent qu'on viole le secret des
charges. Mais cette tolérance même, que l'équité naturelle a
introduite, est une preuve de l'injustice de la Loi. Il n'arrive que trop souvent que des accusés n'ont pas le bonheur de
profiter de cette tolérance, & il n'y a alors aucun moyen
légal pour eux de se procurer la communication des charges.
(2) Deuxieme témoin de la continuation d'information du
19 Janvier 1762.

I iij

» de Janvier (lors dernier) le fieur Jalabert, Avo-
» cat de Caftres, alla le voir, & lui dit qu'il étoit
» venu exprès pour tâcher de faire étouffer la Pro-
» cédure qu'on faifoit contre le fieur Sirven, &
» pria le Dépofant de lui dire le contenu en la
» relation, ajoutant qu'il ne faifoit toutes ces dé-
» marches que pour faire plaifir audit Sirven ; que
» s'il vouloit changer ladite relation, il feroit
» bien payé, au lieu qu'il rifquoit de n'avoir
» rien de celle qu'il avoit faite ; & dit encore au
» Dépofant, que s'il ne changeoit pas cette rela-
» tion, il avoit tout à craindre des Religionnaires
» dés environs ; qu'il portoit beaucoup d'argent pour
» accommoder cette affaire, lui réitérant de vou-
» loir changer cette relation, & qu'il feroit bien
» payé, & pria le Dépofant à fouper dans l'Auber-
» ge, où ils fouperent tous deux feuls ; & pendant
» leur converfation, ledit fieur Jalabert dit au Dé-
» pofant, qu'il ne croyoit pas que Sirven pere eût
» tué fa fille ; qu'il prouveroit l'*Alibi,* & qu'il croyoit
» que ledit Sirven, pere, pourroit bien avoir donné
» ordre de l'étouffer, & que le fieur Corbiere, Chi-
» rurgien de Mazamet, pourroit bien avoir été de
» la partie, & que Sirven, pere, avoit couché, le
» foir que fa fille difparut, au château d'Aygues-
» Fondes ; & le lendemain matin, ledit fieur Jala-
» bert fut encore trouver le Dépofant, pour le prier,
» de nouveau, de vouloir changer fa relation, en
» lui faifant toujours les mêmes offres, qu'il feroit
» bien payé, lequel, pour s'en débarraffer, le ren-
» voya au fieur Galet, Médecin ».

Avec quelle malignité l'infâme Huffon met dans
la bouche de Me. Jalabert, un propos qui tend à
impliquer, dans la Procédure, le fieur Corbiere,
Chirurgien, confrere du témoin, confrere plus.oc-
cupé que lui, & autant eftimé des Catholiques &

des Proteſtans, que Huſſon en étoit mépriſé ! le ſieur Corbiere n'avoit point paru à Saint-Alby, ni le jour, ni la veille, ni le lendemain de la diſparition d'Eliſabeth. Comment Me. Jalabert, qui ne le connoiſſoit pas, auroit il pu le ſoupçonner d'une complicité criminelle avec Sirven, pere ? Qui ne voit que c'eſt ici un Chirurgien jaloux de ſon confrere, qui vouloit profiter de cette occaſion pour l'embarraſſer dans une Procédure criminelle, afin de profiter, en attendant, de ſes pratiques ?

Le récolement de ce témoin va nous fournir de nouvelles preuves de ſa méchanceté : il avoit dit dans ſa dépoſition *ne plus rien ſavoir ;* & toutefois dans ſon récollement, quatre fois plus long que ſa dépoſition, il entaſſe une foule de circonſtances, qui, certainement, n'étoient pas faites pour échapper de ſa mémoire, s'il ne les avoit pas imaginées après coup.

Pour bien ſaiſir le ſens & l'objet des calomnies d'Huſſon, il faut ſavoir, que poſtérieurement à ſa dépoſition, le Médecin Galet ayant conféré au ſujet de la relation avec un de ſes confreres de Caſtres, ce dernier le fit appercevoir d'une bévue groſſiere, capable de le perdre de réputation. Le Docteur Galet, honteux d'une erreur qui alloit le faire paſſer pour ignorant, s'en défendit en la rejettant ſur le Chirurgien. Il faut l'entendre lui-même dans ſa réſumption du 18 Février 1763.

« A répondu que ſa relation contient vérité, ſauf
» en ce que, ſur la fin dudit rapport, il y a une
» erreur qui n'a été compriſe que dans icelui, que
» par condeſcendance pour le Chirurgien, qui ſou-
» tenoit avec entêtement, malgré les raiſons & les
» expériences que le répondant avoit devers lui, &
» auxquelles il fut impoſſible de rappeller ledit Chi-
» rurgien, que n'y ayant point d'eau dans la capa-

» cité du ventre du cadavre, *la fille avoit été étouffée*
» *avant que d'être jettée dans le puits*. Le répondant
» se seroit gardé, de lui - même, de donner dans
» une erreur aussi sensible, attendu qu'il est physi-
» quement sûr que ce n'est pas l'eau qui étouffe les
» noyés, mais bien le défaut de respiration occa-
» sionné par le serrement, & la grande contraction
» des organes destinés à recevoir l'air nécessaire à la
» vie ; & qu'ainsi il demande que cette erreur ne lui
» soit point imputée lorsqu'il sera question de faire
» usage de son rapport ».

Le même témoin, dans sa confrontation avec
Sirven, s'efforce encore plus vivement de rejetter
sur Husson l'erreur qui affligeoit son amour propre.
Il répond à une interpellation de Sirven, en disant
« que cette interpellation est faite dans toutes les
» regles de la connoissance humaine pour les per-
» sonnes trouvées noyées, qu'il n'auroit eu garde,
» de lui-même, de donner dans une pareille erreur
» & grossiéreté ; & qu'il ne vouloit absolument faire
» aucune mention de l'état où ces parties se sont
» trouvées, sans l'entêtement du Chirurgien, qu'il
» voulut qu'on la mît comme une des indications
» les plus assurées, sans quoi il ne vouloit pas signer
» la relation. Mais *que pour revenir sur une impu-*
» *tation de fausseté, qui lui auroit été faite très - à -*
» *propos*, il l'a corrigée, comme on le peut voir par
» le cahier de résumption, se mettant par là à l'abri
» des reproches qu'on auroit pu lui faire sur son
» ignorance à cet égard [1] ».

____

(1) Sa rétractation ne l'a pas mis tout-à-fait à couvert de
ce reproche, comme on le verra bientôt. Il falloit faire une
relation à part, si Husson refusoit de signer. On ne sait pas
trop ce qui se passa entr'eux ; & si ce fut en effet le Chirurgien qui voulut faire preuve d'ignorance contre l'avis du Mé-

Et à la pénultieme interpellation de Sirven, « le-
» dit Galet dénie l'interpéllation, fauf l'article où
» il eft dit qu'il n'y avoit pas de l'eau dans le bas
» ventre, difant à plufieurs perfonnes, fans favoir
» où, qu'il étoit fâché que Huffon l'eût fait donner
» dans une erreur qui n'avoit pas dépendu de lui de
» faire entendre audit Huffon, qu'il étoit ridicule
» de porter une pareille raifon, & que s'il avoit
» étoit poffible de corriger cet article, il l'auroit
» fait ».

Plus occupé du foin de fa gloire, que de ce qu'il devoit à la vérité, Me. Galet fit les plus grands efforts pour perfuader au public que l'erreur de la relation devoit être mife fur le compte d'Huf-fon. Celui-ci, piqué de ces propos, ne voulut point confentir à la correction que le Médecin vouloit faire au rapport. Il porta même plus loin fa vengeance contre le Docteur Galet : on peut en juger par fon récolement du 18 Juin 1762, où il préfenta le Médecin comme un homme vendu à Sirven, & qui l'avoit vivement preffé de confentir au changement de la relation. Il eft très-vrai que Me. Galet voulut changer fon rapport & corriger fa bévue ; mais ce n'étoit pas certainement pour l'intérêt du malheureux Sirven. Il fongeoit à fauver fa réputation plutôt que fa conf-cience ; il étoit fâché de paffer pour un Médecin ignorant, & ne fentoit aucun remords d'avoir opéré en expert infidèle.

Quoique les injures que fe difent refpectivement ces deux Experts, & la maniere dont ils ont été confondus l'un & l'autre par Me. Jalabert, ne re-

decin. Mais ce qu'il y a de vrai, c'eft qu'ils ont bien prouvé l'un & l'autre qu'ils manquoient de délicateffe & de lumieres.

garde pas précisément Sirven , cependant ces chofes ont un rapport fi intime avec la caufe de l'accufé , qu'on ne peut fe difpenfer d'expofer le détail que renferme à cet égard la Procédure. La juftification de Sirven ne peut qu'y gagner.

Huffon ajoute dans fon récolement « que le fieur » Jalabert lui dit dans la converfation, puifque vous » ne voulez pas me dire comme eft faite la relation » (1), dites-moi, au moins, fi vous y avez mis » qu'elle n'avoit point d'eau dans le ventre : car, fi » vous avez mis qu'elle n'avoit point d'eau dans le » ventre , Sirven & fa famille font perdus. Le Dé- » pofant, pour fe défaire poliment de toutes ces » interrogations, lui affura toujours qu'il ne s'en » fouvenoit pas . . . . . Ledit fieur Jalabert dit au » Dépofant; pour ce qui eft de vous, je vois bien » que vous feriez ce que je voudrois, il n'y a donc » que Me. Galet; je pars demain pour Aygues- » Fondes de grand matin , après lui avoir parlé » encore une fois ; je l'enverrai chercher par Mada- » me d'Aygues-Fondes ; ledit fieur Galet doit à » Montpellier ; je fuis chargé de commiffion des » perfonnes à qui il doit pour le faire payer , & » Dieu me damne je le ferai exécuter : .. & enfuite » le Dépofant apprit que Madame d'Aygues Fondes » étoit venue en litiere chez ledit fieur Galet, qu'elle » y refta quelques heures , & que le ledemain , la- » dite Dame d'Aygues-Fondes envoya fa litiere au- » dit fieur Galet pour le venir chercher , de même » que fon époufe , & y refta cinq à fix jours . . . . ;

---

(1) Puifque le Chirurgien n'avoit pas encore dit à Me. Jalabert comment étoit conçue la relation, il n'eft pas croya- ble que celui-ci l'ait tant preffé pour la changer. Ces inftan- ces ne feroient vraifemblables , qu'autant que Jalabert au- roit fu que le rapport étoit contraire à Sirven.

» qu'à son retour d'Aygues-Fondes, le sieur Galet
» fut trouver le Déposant chez lui, & lui dit qu'ils
» avoient fait une nullité dans la relation, qu'il s'a-
» gissoit de la retirer du Greffe, & d'en faire une
» autre. Le Déposant lui représenta que c'étoit là
» apparemment le fruit du voyage qu'il venoit de
» faire chez Madame d'Aygues-Fondes. Ledit sieur
» Galet lui protesta par les sermens les plus grands,
» qu'ils n'avoient jamais parlé avec ladite Dame
» d'Aygues-Fondes de l'affaire de Sirven ; qu'il fal-
» loit que le Déposant se trouvât à sept heures
» du soir au Greffe, & que le sieur Paris leur re-
» mettroit ladite relation, & qu'ils en feroient une
» autre, qu'il se chargeoit de faire parapher par le
» Juge. Le Déposant le lui promit pour s'en débar-
» rasser. Le sieur Galet vint en effet à sept heures
» chez le Déposant, qui lui fit dire qu'il étoit sor-
» ti ; il fut au Greffe où il ne le trouva pas, il y
» resta jusqu'à neuf heures ; il revint encore chez lui
» après neuf heures, & le Déposant lui fit dire qu'il
» n'étoit pas encore rentré Il vint encore à onze
» heures, même réponse. Le Déposant pour se dé-
» livrer de ses persécutions, partit le lendemain de
» grand matin, & s'en fut à la Camille, où il
» passa la journée. Le sieur Galet fut chez le Dépo-
» sant, pendant cette journée, le demander pen-
» dant trois fois, & pendant plusieurs autres jours.
» Il continua de venir le demander à la maison, &
» il lui fit toujours dire qu'il n'y étoit pas ; & com-
» me le Déposant ne pouvoit pas rester toujours en-
» fermé, il s'en fut un jour chez M. le Curé, où il
» trouva ledit Galet, qui le tira à part dans une
» chambre, en lui disant qu'il étoit absolument né-
» cessaire de faire une autre relation ; le Déposant
» lui dit qu'il n'en feroit jamais d'autre, & qu'il
» n'étoit ni fou ni ivre lorsqu'il fit, de concert avec

» lui, celle qui eſt devers le Greffe, . . . que
» quand on lui donneroit mille louis, il n'en fe-
» roit rien ».

Ainſi après avoir jetté des ſoupçons ſur le ſieur
Corbiere, ſon confrere, le lâche Huſſon s'en prend
enſuite au Médecin, qu'il accuſe de *corruption & de
ſubornation*. Ce n'eſt point au ſieur Sirven d'entrer
dans leurs démêlés, & d'entreprendre l'apologie de
l'un ni de l'autre. Il ſuffit qu'on juge par tous ces
myſteres d'iniquité à quelles gens il avoit à faire.
On voit fort clairement dans tout ce manege, que
l'intérêt de l'accuſé touchoit foiblement le Docteur
Galet. Les mouvemens qu'il ſe donna pour obtenir
le changement de la Relation, ne doivent point
nuire à Sirven. Il prouve ſeulement que ce Médecin ſentoit profondément les piquures de l'amour
propre.

Les démarches même du ſieur Jalabert ne con-
cluroient rien contre Sirven, quand il faudroit ajouter foi aux dépoſitions ſi juſtement ſuſpectes de Galet & Huſſon. Il réſulte de l'interrogatoire de Me.
Jalabert, ainſi que de ſa confrontation, que ces
deux témoins avoient prodigieuſement altéré dans
leurs dépoſitions, les démarches très-pures & très-
innocentes de cet Avocat.

Me. Jalabert rend compte de ſa conduite avec un
air de candeur & de ſincérité bien différent du ton
de ſes délateurs : il expoſe dans ſon interrogatoire,
» que ledit Sirven dit au répondant ledit jour 6 Jan-
» vier, que ſa fille, qui avoit été trouvée morte au
» puits de Saint-Alby, devoit s'y être précipitée par
» un excès de folie, dont elle étoit atteinte de temps
» en temps ; & qu'à cet effet il pria le répondant,
» dans l'affliction où il étoit, de vouloir le ſervir
» de ſon miniſtere, de ſe transporter à Maza-
» met pour faire ordonner l'enterrement du cada-

» vre, qui infectoit l'air ; comme auffi de retirer
» l'extrait du verbal de mort, & de faire & agir pour
» fes intérêts comme bon fembleroit au répondant ;
» & lui remit douze louis d'or, que le répondant
» lui a remis du depuis, tant pour payer les frais de
» fon voyage, du féjour qu'il pourroit faire à Ma-
» zamet, que pour retirer ledit extrait de verbal de
» mort ; & en conféquence le répondant s'étant
» rendu à Mazamet le lendemain du jour des Rois,
» il fut informé qu'on faifoit une procédure à la
» Requête de M. le Procureur Fifcal, & le répon-
» dant ayant été chez Me. Galet Dupleffis, Méde-
» cin, fur les deux heures après-midi, il l'avoit trouvé
» dans une chambre avec plufieurs Meffieurs, & le-
» dit Dupleffis ayant apperçu le répondant à l'inftant
» qu'il entroit dans ladite chambre, fut le joindre,
» & ils furent tous les deux à un jardin, qui eft
» au derriere de ladite maifon, & là le répondant
» lui dit quel étoit le fujet de fon voyage, & le pria,
» fe fervant de ces termes : (*je vous ferai obligé fi,*
» *fans bleffer votre Religion, votre devoir & votre*
» *confcience, vous vouliez me faire part du contenu*
» *en la Relation que vous devez avoir, fans doute,*
» *dreffé au fujet du cadavre de la fille de Sirven*) :
» à quoi le Médecin répondit qu'il avoit figné cette
» Relation, conjointement avec le fieur Huffon,
» Chirurgien ; qu'ils l'avoient remife cachetée de-
» vers le Greffe, & qu'il avoit oublié ce qu'elle
» contenoit ; & étant rentrés dans la maifon du
» fieur Dupleffis, dit au répondant fur le feuil de
» la porte : vous me ferez plaifir de fouper avec
» moi, & plufieurs autres Meffieurs qui font dans la
» maifon ; mais le répondant le remercia ; & tant
» le répondant que le Médecin, étant entrés dans
» la chambre où étoient ces Meffieurs, le répon-
» dant les reconnut, & s'apperçut que l'un étoit le

» Curé de Mazamet ; l'autre, le Curé d'Auxillon ;
» un autre, le sieur Riviere, Bourgeois, & enfin
» le fils de M. d'Esperandieu ; & après que le ré-
» pondant les eût salués, ledit sieur Duplessis offrit
» du vin blanc qu'on beuvoit, au répondant, qui
» en prit un travers de doigt dans un gobelet qui lui
» fut présenté, & but à la santé de tous ces Mes-
» sieurs ; & peu de temps après le répondant s'étant
» retiré, le Médecin l'auroit accompagné jusqu'à la
» porte de la rue, & dit au répondant, en descen-
» dant le degré ; le sieur Husson pourra vous ins-
» truire de ce que vous desirez savoir. Le répondant
» ayant trouvé le sieur Husson à l'entrée de la
» nuit, lui dit qu'il lui feroit plaisir de venir souper
» avec lui ; ce que ledit Husson accepta ; & pen-
» dant le souper, le répondant ayant dit au sieur
» Husson, qu'il n'avoit rien su, soit de la procé-
» dure qu'on faisoit à raison du cadavre trouvé à
» Saint-Alby, soit de la Relation qu'il avoit signée
» conjointement avec le Médecin, il lui feroit un
» vrai plaisir de lui en dire quelques circonstances,
» afin que le répondant sût les voies qu'il avoit à
» prendre, attendu que ledit Sirven avoit dit au ré-
» pondant, que sa fille se devoit être précipitée
» dans le puits de Saint-Alby par un excès de folie ;
» à quoi Husson répondit qu'il feroit tout ce que
» le Médecin trouveroit à propos, & qu'il ne pou-
» voit rien seul ; & pendant le souper, le sieur Hus-
» son lâcha quelques circonstances de la Relation,
» mais en des termes si obscurs, que le répondant
» n'y comprit rien, & qu'il fut aussi avancé après le
» soupé comme avant ; & le lendemain le répon-
» dant fut trouver le Médecin, qu'il trouva dans
» son lit, & le répondant lui ayant dit que le sieur
» Husson feroit ce qu'il trouveroit à propos, il lui
» feroit obligé, s'il vouloit se joindre avec ledit

» Huffon, pour dire, au répondant, le contenu
» en ladite Relation, & même que fi, fans bleffer
» leurs confciences, ils pouvoient en remettre un
» extrait au répondant, il le leur payeroit; à quoi
» ledit Médecin répondit que ledit Huffon n'avoit
» qu'à faire ce qu'il voudroit; que pour lui, il ne
» vouloit point remettre d'extrait ou copie de ladite
» Relation; & le répondant lui ayant repliqué : je
» ne fais pas, Monfieur, quelle raifon vous avez
» pour ne pas obliger la perfonne pour qui je m'in-
» téreffe ? Le Médecin répondit : puifque vous le
» prenez fur ce ton - là, je fai ce que j'ai à faire, &
» le répondant s'en fut ».

Dans la confrontation avec le Médecin Galet,
Me. Jalabert le reproche d'abord comme étant fon
dénonciateur, qualité qui ne pouvoit fe concilier
avec celle de témoin ; il le reproche encore comme
étant prévenu de haine contre lui, à caufe que Me.
Jalabert s'étoit chargé de plaider contre lui pour
une pauvre veuve de Montpellier, à qui Me. Galet
devoit quelque argent ; il le reproche enfin comme
étant apprivoifé avec la calomnie, ayant été mis à
la Citadelle de Montpellier, par ordre du Com-
mandant de la Province, pour avoir calomnié le
fieur de Luftrac.

Me. Galet convient de tous les faits fur lefquels
l'accufé fonde fes reproches, en niant, comme de
raifon, que la haine eût part à fa délation. Il ajoute
cependant *qu'il croit que tout ce que peut avoir dit*
& fait Me. Jalabert, n'a été qu'une imprudence, &
& par zele de rendre fervice à Sirven, fon client, &
qu'il ne lui impute rien de contraire à fa probité.

Me. Galet convient de plus « qu'il pria à fouper
» Me. Jalabert au moment qu'ils rentroient dans la
» maifon, en fortant du jardin où ils avoient con-
» féré, & qu'en préfence du Curé de Mazamet &

» d'autres perſonnes, il prit deux gobelets, qu'il
» rinça lui-même avec empreſſemènt, & pria
» Me. Jalabert de goûter du vin blanc, qu'il y
» avoit dans une bouteille ; qu'ils choquerent en-
» ſemble, & qu'enſuite il accompagna Me. Jala-
» bert juſqu'à la porte de la rue, ajoutant que ce
» qu'on lui avoit dit d'ailleurs, le faiſoit ſoupçon-
» ner alors, que la démarche du ſieur Jalabert n'é-
» toit que pour le ſéduire ; mais qu'enſuite réflé-
» chiſſant ſur une pareille conduite, il lui a rendu
» juſtice de croire que cela n'a pas été ſon intention ».

Le Chirurgien Huſſon n'oſa pas non plus ſoutenir
avec la même hardieſſe devant le ſieur Jalabert ce
qu'il avoit dit dans ſa dépoſition. S'il ne s'eſt pas
tout-à-fait rétracté, il a cependant fait voir qu'il
avoit indignement calomnié cet Avocat. Il répond ;
« que ledit Jalabert lui dit qu'il fît enſorte de lui
» faire voir la Relation, & de lui en donner un
» extrait, & que s'il pouvoit changer ſa Relation,
» *ſans bleſſer ſa conſcience*, qu'il la lui payeroit
» bien ; mais qu'il ne lui montra aucune eſpece d'or
» ni d'argent.

» Interpellé s'il n'eſt vrai qu'il ne voulût jamais
» rien avouer du contenu en ſa Relation audit Jala-
» bert, & puiſque ce dernier en ignoroit le con-
» tenu, il ne pouvoit porter ledit Huſſon à la
» changer ».

Preſſé par un argument ſi ſimple, Huſſon répond :
« qu'il eſt vrai qu'il n'avoua rien audit Jalabert du
» contenu en la Relation ; & que ce dernier lui dit,
» en partant, qu'il s'en retournoit auſſi peu inf-
» truit que lorſqu'il étoit venu ; mais que pas
» moins Me. Jalabert vouloit l'engager à la refaire
» ou reformer en faveur de Sirven ».

Qui ne voit dans les réponſes de ces deux Délateurs l'embarras de témoins confondus, qui n'oſent

ni

ni s'avouer calomniateurs , ni foutenir entiérement leurs premieres calomnies ? Le Médecin Galet avoit avoué à plufieurs perfonnes qu'il étoit au défefpoir d'avoir figné la relation , & qu'il étoit perfuadé de l'innocence de Sirven ; l'accufé l'interpelle fur cet aveu, & il répond d'abord *qu'il trouve très-déplacé qu'on lui faffe une pareille queftion , attendu qu'il ne connoît ni l'accufé ni fa famille ;* mais lorfque Sirven le preffe encore , & qu'il lui parle d'une lettre par lui écrite à une Demoifelle , il répond alors « qu'il n'eft pas mémoratif d'avoir écrit ; mais qu'en » parlant de cette affaire , tout préjugé à part , il a » dit , non pas une fois , mais peut-être vingt fois , » qu'on voyoit des enfans attenter à la vie de leur » pere , & qu'on n'avoit pas vu encore un pere fe » porter à ôter la vie à fes enfans , & qu'il étoit » contre les loix naturelles de le préfumer , & *qu'il* » *croyoit l'accufé innocent* ». L'interpellation faite au Médecin par l'accufé n'étoit donc pas *fi déplacée.*

Après avoir argumenté contre Sirven , non-feulement de fes allarmes & de fa fuite , mais encore des démarches de fon Défenfeur , le Tribunal de Mazamet a prétendu enfin tourner en indices l'omiffion de certaines recherches qu'il fuppofe n'avoir pas été faites. On lui demande dans fon dernier interrogatoire « fi fachant que fadite fille étoit fujette à des » vapeurs de folie ou de démence , il n'avoit pas lieu » de croire que fadite fille avoit été fe précipiter en » quelque part , ainfi qu'il l'a avancé dans fon premier interrogatoire , & fi lui ou fa femme n'eurent » jamais l'attention de voir ou faire vérifier le puits » dans lequel elle fut trouvée , fur - tout ce puits , » toujours ouvert , n'étant qu'à huit ou dix pas du » Château qu'il habitoit , principalement après » avoir épuifé toutes fes recherches par - tout ail-» leurs » ?

K

L'accufé répond « que le lendemain de la difpa»
» rition de fa fille, le Conful Galiber, & plufieurs
» perfonnes du village, lui rapporterent qu'on
» avoit fait des recherches par - tout, qu'on avoit
» auffi envoyé des gens dans la campagne; qu'il crut
» & avoit raifon de croire qu'on avoit fouillé par-
» tout; il étoit d'ailleurs perfuadé que fa fille avoit
» été enlevée par autorité, tant les rapports qu'on
» lui faifoit concouroient même à l'affirmer dans
» cette idée; il n'eft pas étonnant que l'efprit pré-
» venu de ces différens rapports, il crût que fa fille
» étoit dans quelque Couvent, & qu'il ne fît plus
» de recherches ».

TROISIEME CLASSE D'INDICES.

*Conjectures & Décifions de Me Galet &
de Huffon, dans leur Relation du 4
Janvier 1762.*

La Relation eft conçue en ces termes. « Nous,
» Jean de Galet - Dupleffis, Docteur en Médecine
» de la Faculté de Montpellier, & Pierre Huffon,
» Maître Chirurgien, habitans du lieu de Maza-
» met, par vous, Meffieurs, nommés d'office pour
» vifiter le corps mort d'une fille, après avoir fait
» notre ferment, fuivant l'acte du 4 Janvier 1762,
» nous fommes tranfportés au lieu de Saint-Alby,
» diftant de notre domicile d'environ trois quarts
» de lieue, où étant, fommes entrés dans la mai-
» fon de Ville dudit lieu de Saint-Alby, où nous
» avons fait la vifite du cadavre, qu'on nous a dit
» avoir été retiré quelques heures auparavant d'un
» puits fitué audit lieu; & procédant à ladite vifite
» en préfence du fieur Juge, du Procureur Fifcal,
» des Confuls & autres habitans dudit lieu, après

» avoir mis à nud ledit cadavre, nous avons reconnu
» qu'il étoit dans un puits depuis quelques jours,
» en ce que, en appliquant & traînant la main sur
» la peau, l'épiderme s'en enlevoit; examinant les
» deux mains, nous avons trouvé la peau de l'in-
» térieur de chaque main, depuis l'extrêmité des
» doigts jusques au carpe, toute blanche & ri-
» dée: venant ensuite à l'examen du visage, nous
» avons trouvées les joues boursouflées & livi-
» des, *avec un gonflement* (1) *sur la partie anté-*
» *rieure & latérale gauche de l'os frontal, un peu*
» *au-dessus de l'orbite.* Les levres grosses & livides,
» la bouche ouverte sans écume, les narrines dila-
» tées sans jetter aucune morve. Examinant ensuite
» la tête, nous n'y avons reconnu *aucun coup ni*
» *contusion* (2), mais elle tournoit *en tout sens*
» comme si elle ne tenoit point aux *vertebres du*
» *tronc* (3).

---

(1) Me. Galet convient que la confrontation de ce gonflement est une contusion provenue par le choc d'un corps
dur & large, soit que cette partie offensée ait heurté contre ce
corps dur & large, soit que ce corps soit tombé sur cette
partie.

(2) Les Experts ne disent pas avoir fait l'ouverture de la
tête, & le Médecin convient dans la confrontation ne l'avoir
pas faite; ils ont donc négligé de faire une opération indispensable pour s'assurer si le crane étoit fracturé à l'endroit même
de la contusion, ou au voisinage, ou à la partie diamétralement opposée, ou s'il y avoit une comotion au cerveau,
produite par l'effet de cette contusion, par la résistance de
l'os, qui avoit pu donner la mort dans l'instant au sujet.

(3) Le Médecin a avoué dans sa confrontation, que la seconde vertebre *étoit fracturée, & qu'elle se plaçoit & déplaçoit*
comme l'on vouloit. Or, de ce placement & déplacement, il
s'ensuit nécessairement la fracture des vertebres & de leurs
ligamens; comme aussi la fracture & luxation de la moëlle de
l'épine, qui ont tout d'un coup donné la mort à cette fille.

» Et procédant à la visite du col dudit cadavre
» nous l'avons trouvé extrêmement gonflé dans toute
» sa circonférence, livide à sa partie antérieure, de-
» puis le commencement de dessous le menton, juf-
» ques à l'articulation des clavicules, avec *une*
» *contusion sur la partie gauche, & un peu posté-*
» *rieure au-dessus de l'épaule ; & de ce côté, de trois*
» *ou quatre pouces de circonférence avec lividité, &*
» *partie de l'épiderme enlevé* (1) : & faisant la dif-
» section de cette partie antérieure, après en avoir
» enlevé les tégumens communs, nous avons trouvé
» une grande quantité de sang extravasé, grumelé
» & pourri ; le vuide de l'os hoïde en étant tout
» rempli, *ses muscles très - gonflés* & livides ; &
» continuant cette même opération dans toute cette
» partie antérieurement & postérieurement, nous
» avons trouvé tous les muscles de cette partie abreu-
» vés & chargés d'un sang extravasé, grumelé &
» pourri (2), & toute cette partie affaissée *sans au-*
» *cun déplacement* (3).

» Continuant notre visite sur le reste du cadavre,

---

(1) Le Médecin convient que cette grande & forte contusion est provenue du choc d'un corps dur & large , soit que
ce corps dur & large soit tombé obliquement sur cette partie , ou que cette partie ait heurté contre ce corps dur.

(2) Le Médecin convient encore *que l'extravasion du sang*
remarquée dans les différentes parties du col , vient de la rup-
ture des vaisseaux qui sont distribués dans cette partie totale du
col. Or , de cette fracture de vaisseaux est provenue l'échimose dans toute la partie du col , & cette meurtrissure interne des muscles est nécessairemenr l'effet de cette grande &
forte contusion , ne pouvant être jamais l'effet d'une cause
qui agit extérieurement pour étouffer une personne.

(3) On a déja vu que le Docteur Galet a reconnu l'absurdité de cette foule d'erreurs, & qu'il a demandé qu'elles ne lui
fussent pas imputées quand on feroit usage de la relation.

» nous n'avons rien remarqué qui dénotât aucune
» violence ; & étant venus au ventre, après lui
» avoir fait une incision au - dessous de l'ombilic,
» au côté de la ligne blanche à sa partie droite, il
» n'est sorti par cette incision, assez profonde &
» assez dilatée, aucune goutte d'eau ni de sang : au
» contraire, les visceres, contenus dans le ventre,
» se sont trouvés sains & sans altération ni gonfle-
» ment, ni aucune indication qui pût faire soup-
» çonner la vertu de cette fille.

» En considération de nos visites & de nos re-
» cherches, nous disons que ce corps a croupi dans
» l'eau depuis quelques jours, & *que si cette fille se*
» *fût précipitée dans le puits d'elle même, elle se se-*
» *roit noyée, & le ventre avec ses intestins se seroient*
» *trouvés remplis d'eau, qui, croupissant dans cette*
» *capacité, en auroit coulé par l'incision qui a été*
» *faite,* le séjour ne pouvant admettre aucune éva-
» cuation par le défaut des forces nécessaires pour
» cela, & *que tous les solides relâchés auroient*
» *floté dan*s l'eau contenue dans le ventre. (1) Toute

---

(1) Le Docteur Galet est convenu dans sa confrontation,
» 1°. que la contusion trouvée au col provenoit du choc d'un
» corps dur & large, soit que ce corps dur & large soit tombé
» ou jetté sur cette partie, ou que cette partie ait heurté con-
» tre ce corps dur & large. » 2°. Il a dit dans sa résumption,
qu'*en se précipitant elle-même, elle auroit pu, en donnant con-*
tre le côté du puits, occasionner ce dérangement & un déplace-
ment des vertebres, & une extravasion de sang par la rupture
des vaisseaux jugulaires ; & il avoue à la quatrieme interpellation de sa confrontation, *qu'ici il lui a paru avoir un dé-*
placement de la seconde vertebre du col ; à la sixieme, *que*
l'extravasion du sang remarquée dans les différentes parties du
col, vient de la rupture des vaisseaux qui sont distribués dans
cette partie totale du col. Et à la septieme, *qu'à l'égard des*
vertebres du col, la seconde vertebre, quand on la touchoit,

» *la violence que nous avons reconnue est au col*,
» sans qu'il y ait pu se connoître aucun vestige de
» serrement avec une corde ou autre instrument (1) ;
» en conséquence nous disons que cette fille *peut*
» *avoir été étouffée par quelqu'autre moyen, MAIS*
» *TOUJOURS QU'ELLE A ÉTÉ JETTÉE*
» *MORTE DANS LE PUITS* (2), ne trouvant
» point d'indication qui nous prouve qu'elle se soit
» noyée elle-même (3) ; de ce, nous avons dressé
» notre présent rapport, que nous certifions, en nos
» consciences, être véritable ; en foi de quoi nous
» avons signé icelui ledit jour 4 Janvier 1762. JEAN
» DE GALET - DUPLESSIS. M. HUSSON, Chirur-
» gien, *signés* ».

On a déja vu partie de la résumption de Me. Galet, du 18 Février 1763, conçue en ces termes.
« Le Chirurgien résumé a persisté, & ledit Me. Ga-
» let, Médecin, a répondu que sa relation contient
» vérité, sauf en ce que, sur la fin dudit rapport,
» il y a une erreur qui n'a été comprise en icelui,

---

elle se déplaçoit & plaçoit comme l'on vouloit. Donc toute la
violence reconnue par les Experts au col, qu'ils ont articu-
lée dans la relation, est provenue du choc de la tête & de
la nuque du col contre les parois ou au fond du puits, en
s'y précipitant elle-même. Car un corps mort, qu'on jette-
roit dans un puits, ne seroit pas exposé à ces désordres.

(1) Ici les Experts excluent toute sorte d'extrangulation.

(2) Cette conclusion est absurde. Me Galet a demandé
dans sa résumption, qu'on ne lui imputât point cette erreur quand il seroit question de faire usage de son rapport.

(3) Cette conclusion est gratuite & dénuée de toute preuve. Les Experts ne disent pas avoir fait l'ouverture de la
poitrine, pour voir si les poumons étoient gonflés & la trachée artere & les bronches étoient engorgés d'eau, afin de
s'assurer si la fille étoit morte noyée. Donc les Experts
n'auroient pas pu savoir si cette fille étoit morte noyée.

» que par condescendance pour le Chirurgien, qui
» soutenoit, avec entêtement, malgré les raisons &
» les expériences que le répondant avoit devers lui,
» & auxquelles il fut impossible de rappeller ledit
» Chirurgien, *que n'y ayant point de l'eau dans la*
» *capacité du ventre du cadavre, la fille avoit été*
» *étouffée avant que d'être jettée dans le puits* ; le
» répondant se seroit gardé de lui-même de donner
» dans une erreur aussi sensible, attendu qu'il est
» *physiquement sûr* que ce n'est pas l'eau qui étouffe
» les noyés, mais bien le défaut de respiration oc-
» casionné par le serrement & la grande contraction
» des organes destinés à recevoir l'air nécessaire à la
» vie, & qu'ainsi il demande que cette erreur ne
» lui soit point imputée lorsqu'il sera question de
» faire usage de son rapport ; le répondant ajoute
» en outre, que s'il n'y avoit point une échimose à
» la partie gauche, & un peu latérale, postérieure
» du col d'une certaine circonférence, avec le dé-
» faut d'articulation des vertèbres de cette même
» partie, & une extravasation de sang dans toute
» la circonférence du col, avec la meurtrissure des
» muscles internes de ladite partie, & un serrement
» d'iceux, comme s'ils avoient souffert quelque
» violence, il ne pourroit pas assurer qu'on eût usé
» de violence contre ladite fille, attendu qu'en se
» précipitant elle-même, elle auroit pu, en don-
» nant contre le côté du puits, occasionner ce dé-
» rangement, & un déplacement des vertèbres, &
» une extravasation de sang par la rupture des vais-
» seaux jugulaires ; mais tout le col, généralement,
» étant rempli d'un sang extravasé, & dans la situa-
» tion ci-dessus dite, il soupçonne, avec raison,
» que l'on usa de violence sur ce corps avant qu'il ne
» fût jetté dans le puits ».

Tel est le rapport qui a servi de fondement à la

Procédure inftruite contre la famille Sirven. Pour favoir ce qu'en ont penfé les Maîtres de l'art , & quelle foi il peut faire en Juftice , il faut lire les Confultations & les Obfervations qui font imprimées à la fuite du préfent Mémoire. On fe bornera ici à relever un aveu échappé au Médecin Galet dans fa confrontation , où il convient " que tous les » Docteurs qui ont travaillé à deviner la caufe de » la mort des noyés , fe contrarient , hors dans les » raifons qu'ils donnent de l'écume trouvée dans les » bronches du poumon & dans la bouche , *la feule preuve qui ne fouffre point de conteftation* ».

Eh quoi ! Me. Galet , vous convenez que la plûpart des fignes qu'on articule pour connoître fi un homme eft mort noyé , font incertains & équivoques ; vous avoüez qu'il n'y a qu'une *feule preuve qui ne fouffre point de conteftation* , & vous négligez cette preuve , que l'ouverture de la poitrine pouvoit vous procurer ? Vous faites plus , vous portez une décifion dogmatique fur un fait , qui , de votre aveu , ne pouvoit être connu que par une opération que vous avez négligée ? Il n'y a qu'un feul moyen , felon vous , de décider infailliblement , fi une perfonne eft morte noyée , ou non , & cependant vous affirmez qu'Elifabeth Sirven a été jettée morte dans le puits , tandis que vous avez négligé ce moyen unique & infaillible de connoître la vérité du fait que vous affirmez ?

Comment Me. Galet fe lavera - t - il d'une contradiction fi frappante & fi criminelle ? Il faut croire , pour fon honneur , qu'il n'a connu qu'après coup les principes qu'il débite dans fa confrontation ; car , s'il eût été inftruit , lors de fon rapport , des regles qu'il a reconnu dans la confrontation , il faudroit le regarder comme le plus méprifable de tous les hommes. Mais , non , Me. Galet n'étoit qu'ignorant &

[153]

fanatique. Ce n'est qu'après sept ans de réflexion, qu'il a compris qu'il falloit visiter les bronches du poumon, pour s'assurer si un homme étoit mort noyé ; il a voulu cependant masquer une omission si conséquente, & lorsque Sirven lui demande « s'ils » ont fait une ouverture à l'estomac pour s'assurer si » les poumons étoient gonflés, si la trachée artere » & les bronches étoient engorgés d'eau, ou non, » sans lesquelles opérations il est impossible de pou-» voir dire certainement, que le sujet que l'on » trouve mort dans l'eau, est mort noyé, ou non ».

Le Docteur Galet répond « qu'ayant trouvé le » col & les vertebres du col dans l'état décrit » dans la relation (1), il n'a pas jugé à propos » de faire d'autres opérations à l'ouverture du » bas ventre & du sternum. Les parties y conte-» nues s'étant trouvées saines & sans gonflement, les » observations qu'on auroit pu inférer à ce sujet, » eussent été, dit-il, indifférentes, & n'eussent fait » que surcharger leur relation ».

Il étoit donc indifférent, au dire de Me. Galet, de travailler a se procurer *la seule preuve* qui, de son aveu, *ne souffre pas de contestation.* Mais si cela étoit indifférent, il ne falloit donc pas décider que la fille n'étoit pas morte noyée. Car, si ce fait n'étoit point indifférent, il ne devoit pas l'être, d'employer le seul moyen infaillible de le connoître, au lieu de se déterminer par des conjectures très-équivoques de l'aveu même de Me. Galet, & par les *phéno-menes* remarqués au col détaillés dans la relation, qui, suivant la décision de ses Maîtres, prouvent tout le contraire de ce que ce Médecin en conclut.

____

(1) Il est faux que cet état soit décrit dans la relation.

L'Accufé avoit donc raifon de repliquer « que la
» conclufion de la relation defdits Experts, conçue
» en ces mots ; *ne trouvant point d'indication qu'elle*
» *fe foit noyée elle-méme*, eft deftituée de toute
» preuve, & n'eft que gratuite, puifque l'Expert con-
» vient qu'il n'a pas trouvé néceffaire de faire l'ou-
» verture de la poitrine, par conféquent ils n'ont
» pas pu voir ni reconnoître fi ladite fille avoit de
» l'eau dans les bronches & dans la trachée-artere,
» qui prenant & occupant la place de l'air, eft la
» vraie caufe de la mort des Noyés ».

Que répond à cela le Docteur Galet ? « Il dit que
» fans les contufions, fans les échymofes & le col
» généralement rempli dans les inteftins d e fes muf-
» cles, il ne pourroit point dire qu'on eût tenté la
» moindre violence contre ledit cadavre, mais que
» cet état le lui avoit fait raifonnablement *foupçon-*
» *ner* ».

Mais ce ne font pas des foupçons que Me. Galet
a préfenté à la Juftice ; c'eft une décifion téméraire
autant qu'ignorante, & qui fe trouve juftement dé-
criée par les propres réponfes de fon auteur. Il faut
le renvoyer à fes Maîtres qui lui apprendront que
ces contufions, ces échimofes dont il parle, ne font
rien moins que des preuves d'un érouffement exécuté par un corps vivant.

Me. Galet a eu encore la bonté de nous inftruire
dans fa confrontation qu'il a fourni plus d'un rapport dans cette affaire. Il nous fait affez clairement
entendre qu'il n'avoit pas d'abord conclu que la
fille avoit été étouffée par quelqu'autre moyen, &
qu'elle n'avoit pas été jettée morte dans le puits.
Mais comme on exige, dit-ll, *de ceux qui font une*
relation qu'ils difent qu'elle eft la caufe du genre de
mort d'un cadavre trouvé, dans la circonftance pré-
fente l'ayant paffé fous filence, la même relation qui

n'étoit pas concluante, on la renvoya pour la rendre telle ; & qu'alors revenant sur toutes les observations faites sur le cadavre, & examinant de plus près ce qu'il y avoit à observer, il n'avoit pu se dispenser de juger que le désordre qu'il avoit remarqué sur les parties exposées dans la Relation provenoit d'une violence employée contr'elle, qu'on observe ordinairement sur les personnes qu'on maltraite encore en vie.

On voit très-clairement par cette réponse de Me. Galet, qu'il avoit d'abord signé une premiere relation, dans laquelle Husson & lui n'avoient pas osé conclure que la fille pût avoir été étouffée par quelqu'autre moyen, & jettée morte dans le puits ; mais comme c'étoit-là le point capital & la décision sacramentelle que la cabale de Mazamet & de Castres demandoient, on renvoya cette relation pour la *rendre concluante,* comme le dit Galet ; de sorte que ces deux Experts, si séveres, si délicats, lorsqu'ils parlent des prétendus changemens que Me Jalabert les pressoit de faire à leur rapport à la décharge de l'Accusé, portent la complaisance & la lâcheté jusqu'à altérer leur premiere relation, en y ajoutant une décision funeste, qui en fait la partie essentielle.

Me. Galet n'eut pas plutôt fait cet aveu dans la confrontation qu'il en sentit les conséquences, & qu'il chercha à l'infirmer dans les réponses suivantes. Mais plus il a parlé, plus il a prouvé son embarras. Il dit que la relation fut dressée à Saint-Alby, mise au net à Mazamet, & remise par le sieur Galet à Husson, Chirurgien, qui la lui rapporta pour la rendre concluante ; qu'il la livra à Husson une seconde fois pour la remettre devers le Greffe ; & dans l'interpellation suivante, il affirme qu'elle a été toujours telle qu'elle est *en brouillard, copiée & mise au net, sans altération, ni dans les termes, ni dans le fond,* tandis qu'il avoue plus haut qu'il y

[156]

manquoit la conclusion. Peut-on se contredire plus
ouvertement ?

Il n'y a donc point ici de corps de délit, puisque
la relation, qui seule pourroit en constater un, est
évidemment nulle & cassable, ou tout au moins re-
jettable, soit parce qu'elle paroît manifestement
l'ouvrage de l'ignorance & de la partialité, soit
parce qu'il n'en sauroit jamais résulter qu'Elisabeth
Sirven a été jettée dans le puits après avoir été étouffée & étranglée, soit enfin, parce que des observations même de ces deux prétendus Experts, on doit
conclure qu'elle n'a été ni l'un ni l'autre, ainsi qu'on
peut s'en convaincre par la lecture des Observations
& des Consultations imprimées à la suite de ce Mémoire.

Il est donc vrai, encore une fois, qu'il n'y a
point de corps de délit, ou du moins que le corps
de délit est incertain ; mais ce qui ne l'est pas, c'est
l'innocence de l'accusé, c'est son *alibi* lors de la disparition de sa fille, c'est sa tendresse pour elle, c'est
sa tolérance, c'est l'aliénation d'esprit d'Elisabeth,
soit pendant son séjour chez les Régentes de Castres,
soit après sa sortie de chez ces Dames jusqu'au moment de son départ pour Saint-Alby, soit enfin,
depuis son arrivée à Saint-Alby jusqu'au jour de sa
disparition. Quelle impression ne doivent pas faire
sur des esprits raisonnables les dépositions de ces Témoins qui l'ont vue peu de temps avant son malheur,
arrêtée sur la planche d'un ruisseau, joignant ses
mains, & se courbant vers l'eau, piroueter comme
une personne qui avoit perdu le sens (1), qui l'ont
vue *se promenant toute seule dans la place de Saint-
Alby, regarder dans le puits commun, faisant des*

------

(1) Sixieme témoin de l'information du 15 Janv. 1762.

[157]

grimaces de la tête (1) ; qui l'ont vue encore *la veille de fon évafion vers le Soleil couché, devant le puits de Saint-Alby, regarder deux fois dans le puits, en faifant des grimaces de la tête* (2).

Ce qui n'eft pas incertain , c'eft encore la fenfation uniforme que fit le malheur d'Elifaberh dans le Village de Saint-Alby. Quarante-cinq Témoins font entendus dans les vingt-quatre heures, de la defcente du Juge, & toutes leurs dépofitions n'expriment que les regrets & la défolation de cette famille, que tout le Village alla confoler : aucun Témoin ne fait naître le plus léger foupçon de parricide.

Ce qui n'eft pas incertain , c'eft que d'après la procédure, Elifabeth Sirven n'a pas été facrifiée ni par fon pere , ni par fa mere , ni par fes deux fœurs ; c'eft qu'en réuniffant toutes les circonftances de cet événement tragique , il eft impoffible de n'être pas convaincu qu'Elifabeth fortit feule de l'appartement de fa mere , & qu'elle ouvrit feule la porte de la rue ; que fa mere & fes deux fœurs étoient dans la maifon, au moment que l'on entendit ouvrir cette porte , & que par conféquent le prétendu parricide eft phyfiquement impoffible.

La Cour réformera donc ce Jugement d'ignominie , qui laiffe fur la tête de Sirven le foupçon d'un crime dont il eft pleinement juftifié par la Procédure. Il n'exifte contre lui ni preuve, ni femi-preuve, ni préfomption du délit dont il fut accufé. C'eft tout ce qu'exige la Loi pour accorder à un accufé un Jugement de Relaxe : mais combien cette preuve négative de l'innocence de Sirven ne reçoit-elle pas de force des preuves directes que nous avons expo-

---

(1) Septieme témoin confronté.
(2) Troifieme témoin confronté.

fées dans la premiere partie de ce Mémoire ! La feule chofe dont la Procédure fournit quelques préfomptions, c'eft de la répugnance de Sirven à la converfion de fa fille. Mais ces préfomptions difparoiffent devant les preuves lumineufes de fa tolérance, & du malheureux état d'Elifabeth, qui ne lui permettoit guère de faire un choix en matiere de Religion. On a d'ailleurs obfervé plus haut qu'il y a loin de la répugnance à l'oppofition, & plus loin encore de l'oppofition au parricide.

Puifque l'hors d'inftance laiffe fubfifter la note du crime qui fait la matiere de l'accufation, la Juftice demande que les foupçons qui provoquent un pareil Jugement fe rapportent au délit qui faifoit le fujet de la plainte. Car fi les foupçons qui peuvent refter dans l'efprit du Juge font étrangers au délit principal, s'ils ont rapport à tout autre objet que celui de la plainte, c'eft une injuftice de prononcer par hors d'inftance, parce que cette forme de prononcer fuppofe des femi-preuves du délit principal.

Ce ne feroit pas affez de relaxer Sirven fi on ne lui accordoit des dommages contre la Communauté de Mazamet. Quels devroient être ces dommages, fi la Cour vouloit les proportionner aux pertes de tous les genres que cette accufation calomnieufe a caufées à Sirven ? Des condamnations pécuniaires pourroient-elles jamais entrer en comparaifon avec tout ce que cet infortuné a eu à fouffrir pendant le cours de cette accufation, qui l'a privé d'exercer les fonctions de fon art. Tous fes biens livrés au pillage, fes effets difperfés & la plupart perdus pour lui ; (1) quelques-uns oubliés dans

---

(1) Les papiers, titres & documens furent enlevés par Trinquier, Procureur Fifcal (qui étoit à la tête de la co-

l'annotation pour pouvoir en difpofer plus librement
(1); ce ne font là toutefois que de bien légeres pertes
comparées à la douleur & à la honte d'une expatriation de neuf années, aux tourmens, aux fouffrances,
aux périls qui en ont été la fuite. Il a vu expirer une
époufe vertueufe, dont l'ame flétrie par la douleur,
a fuccombé fous le poids de tant d'infortunes. Il a
vu fa fille aînée lutter pendant quinze jours contre
la mort, & n'accoucher qu'après des douleurs & des
tourmens dont on n'avoit vu jamais d'exemple (2):

---

horte des Huiffiers qui firent les perquifitions & l'annotation)
& emportés à fa maifon à Mazamet. On a trouvé chez le
fieur Lades, parent du Juge, un grand fauteuil avec fes
ferremens, qui ne fut pas inventorié; ce fauteuil étoit prefque neuf, & avoit coûté 24 liv.

(1) On a remis au Procès l'état des effets qui ont été
vendus, fuivant les Procès verbaux de vente des 29 Mai
& 2 Juin 1764, & qui ne fe trouvent pas compris dans le
Verbal d'annotation du 20 Janvier 1762.

(2) Je fouffigné déclare que je me rappelle très-diftincte-
ment d'avoir été appellé, il y a environ cinq ans, pour voir
la Dlle. Marie Anne Ramond, née Sirven, qui avoit pour
Sage-femme feüe la Dlle. Barraford & fon éleve Marie
Pahud. Je la trouvai dans les douleurs d'un accouchement
qui fut très-fâcheux & très-long; j'attribuai le trifte état dans
lequel elle fe trouvoit, au voyage qu'elle venoit de faire,
qui avoit été traverfé par les accidens les plus fâcheux & par
plufieurs chûtes de cheval; je doutai même, qu'accablée
comme elle l'étoit par le chagrin, elle pût fe tirer d'un état
fi dangereux, & fon rétabliffement paffa mes efpérances.
A Laufanne, le 5 Juin 1767. *figné* TISSOT, Profeffeur.

Par devant moi, Notaire public juré, en la ville de Laufanne, canton de Berne en Suiffe, fouffigné, fut préfente
Honorée-Marie Curchot, aujourd'hui femme du fieur Samuel Pahud de Saint-Cirgue, habitante dès longues années
audit Laufanne, laquelle a déclaré comme par ferment, que
dans le tems qu'elle affiftoit la Dlle. Louife Barraford, ex-
perte Sage-femme en ladite ville de Laufanne, dans le but

trifte fruit de fes courfes dans les montagnes de l'Al-
bigeois, du Rouergue & des Cévenes, lorfqu'elle
fuyoit les pourfuites du Fifcal de Mazamet. Sans
doute cet Officier ne fe confolera jamais d'avoir
plongé dans le malheur une famille vertueufe, &
d'avoir fi légerement accufé de Parricide des Citoyens dont la *conduite* avoit été jufqu'alors *irrépro-
chable* (1).

----

d'apprendre fa profeffion, elle, Dépofante, a affifté pendant
l'efpace de quinze jours la Demoifelle Marie-Anne Sirven,
femme du fieur Jean - Pierre Ramond, a fouffert pendant les fufdits quinze jours les douleurs de l'enfantement
accompagnées de violentes coliques, & que ce ne fut
qu'au bout de ce tems de fouffrance, aidée de tous les fecours, tant de M. Tiffot, Docteur Médecin, aujour-
d'hui Profeffeur dans la vénérable Académie de cette dite
Ville, que de ceux de ladite Dlle. Barraford, dès - lors
décédée, & de ceux d'elle déclarante, que ladite Dlle. Sirven,
femme Ramond, fut heureufement délivrée d'un enfant, ac-
tuellement vivant, nommé Paul-Jean-Pierre Ramond, le 22
Juillet 1762, en foi & témoignage de quoi j'ai figné, audit
Laufanne, ce jourd'hui 5 Juin 1667. *figné* I. CURTAT.

Nous, Bourgmaitre & Confeil de Laufanne, au Canton
de Berne en Suiffe, certifions que Me. Samuel Curtat, qui
a écrit & figné la déclaration ci-deffus, eft Notaire public &
Juré en cette Ville, aux Actes duquel, par lui ainfi expé-
diés, foi doit être ajoutée en jugement & dehors. Certifions
de plus, que la ville de Geneve, qui eft le lieu le plus pro-
chain où il y ait un Réfident de la part de Sa Majefté très-
Chrétienne, eft diftante de dix à douze lieues de Laufanne.
En témoignage de quoi nous avons appofé le Sceau public
de cette dite Ville, près la fignature de notre Secrétaire,
au pied des préfentes. Audit Laufanne, ce cinquieme Juin
mil fept cent foixante-fept. *figné* BOISSOT.

(1) Nous, fouffignés, certifions & atteftons que le fieur
Pierre Paul Sirven, Feudifte de la préfente ville de Caftres
en Languedoc, & toute fa famille, *ont toujours vécu honnête-
ment ; qu'ils font de bonne vie & mœurs, & d'une conduite ir-
réprochable.* En témoignage de quoi avons donné le préfent
Le

Le temps des malheurs & des craintes eſt enfin
paſſé pour Sirven. Plus il ſent approcher le Jugement
ſouverain qui doit fixer ſa deſtinée, plus il s'applau-
dit d'un appel que ſon honneur a dicté : ſa confiance
augmente lorſqu'il ſe voit aux pieds d'une Cour auguſte qui vient de conſoler l'humanité & la religion
par des Arrêts immortels, faits pour impoſer un éternel ſilence au fanatiſme (1).

Conclut comme dans ſa Requête.

Monſieur DE REYNAL, Rapporteur

Me. LACROIX, Avocat.

BANCAL, Procureur.

---

certificat pour leur ſervir & valoir, ainſi qu'il appartiendra
A Caſtres, le 2 Mai 1765. ſigné LABARTHE DE THOMAS;
PUECHMIRE; LIGONIER: FALGUEROLES; MASSAGUEL;
de BAYARD; de CAMBOU; LÉONARD de la Tour; DEJU-
GE de Monteſpieu; DEGOUDON; PELISSIER, Receveur
des Domaines du Roi, & Droits y joints au Bureau de
Caſtres; d'ESPERANDIEU d'Aygue-Fonde; GALAND, No-
taire à Caſtres; BOISSESON de LABELOTERIE; SAINT-
SALVY, Prêtre & Chanoine de Lautrec; PEZET, Notaire
de Lautrec; l'Abbé de CABRILLE DE PERRIN, Chanoine de
Caſtres; LIEUTAUD, Chanoine; BEAUDECOURT LESTAP.

(1) Le 19 Août 1769, Arrêt à la troiſieme Chambre des
Enquêtes, au Rapport de M. l'Abbé de Rey, dans l'eſpece
ſuivante: le Sr. Louis Roubel, Apothicaire de la ville de
Nîmes, & la Dlle. Eliſabeth Chabaud, ſe lierent par un
Contrat de Mariage du 18 Mars 1749: Eliſabeth Chabaud
accoucha d'un fils le 27 Fevrier 1750; le ſieur Louis Roubel fit un teſtament le 19 Avril 1753, par lequel il légua
trente mille livres à Jeanne Roubel, ſa fille, d'un premier
mariage, mariée avec le ſieur Pourrat; une penſion de 600.
liv. à Eliſabeth Chabaud, ſa femme; & inſtitua Jean Rou-

L

bel, son fils. Il mourut le 21 Avril 1760. Le sieur Pourrat se hâta de demander, au nom de sa femme, le délaissement de tous les biens qui formoient la succession de son beau-pere, prétendant qu'il n'y avoit jamais eu entre ce dernier & Elisabeth Chabaud, un véritable mariage contracté & célébré suivant les Loix de l'Eglise & de l'Etat. Elisabeth Chabaud disoit qu'elle avoit été mariée par le Curé de Massannes, & qu'elle avoit publiquement joui pendant onze années de l'état de femme légitime du sieur Roubel. Elle produisoit un Extrait de célébration de mariage, que le Sr. Roubel s'étoit fait délivrer par le Curé de Massannes. Le sieur Pourrat s'inscrivit en faux contre cet Extrait, & se pourvut par appel comme d'abus contre la célébration prétendue du mariage. Il étoit prouvé que les Registres de la Paroisse avoient été enlevés par le Curé, ce qui rendoit son Extrait fort suspect. Il résultoit même de cet Extrait, en le suppo-sant vrai, que le mariage n'avoit pas été fait en présence du Curé des Parties, mais au lieu de Massannes. La Cour crut que le défaut de présence du Curé des Parties, n'étoit pas un moyen de nullité absolu, sur-tout lorsque les Contra-ctans étoient de la R. P. R. obligés à des précautions & à des ménagemens qui ne leur permettoient pas toujours de choi-sir le Curé indiqué par la Loi. En conséquence l'Arrêt relaxe Elisabeth Chabaud & son fils de la demande en delaissement des biens compris dans la succession de Louis Roubel.

Autre Arrêt le 9 Juillet 1770 rendu à l'Audience de la Grand'-Chambre sur les Conclusions de M. l'Avocat Géné-ral de Cambon, plaidans Mes Monier, Taverne & Jouve; il étoit question de savoir si un enfant né de parens Prote-stans, devoit être déclaré illégitime, parce qu'il ne rappor-toit pas l'Acte de célébration du mariage de ses pere & mere. » Nous savons, disoit M. l'Avocat Général, qu'il n'est pas » en votre pouvoir d'établir une forme de mariages pour les » Protestans : ce n'est pas aussi ce que nous vous proposons. » Nous voulons seulement que lorsqu'ils ont vêcu comme » de légitimes époux; qu'ils ont été reconnus pour tels, soit » dans leurs familles, soit dans le public, on ne puisse pas » troubler leurs enfans dans la possession de leur état, en » les obligeant à rapporter l'Acte de célébration du maria-» ge. Nous voulons qu'à cet égard ils soient traités comme » les Catholiques .. Il ne faut pas se demander à soi-même » si l'on est persuadé de l'existence du mariage dont on

» contefte la vérité ; mais il faut fe demander fi l'intérêt pu-
» blic n'exige pas qu'on le préfume, &c.... Une expérience
» malheureufe a fait connoître l'inutilité des moyens dont on
» s'eft fervi jufqu'à ce jour pour déraciner l'erreur ; & nous
» ne doutons pas qu'à l'avenir on n'en emploie qui feront
» plus conformes aux regles d'une faine politique & aux loix
» de l'humanité.... Vous n'avez point à juger fi un mariage
» qui n'a pas été contracté en face de l'Eglife eft valable,
» mais fi un enfant né de deux perfonnes, dont l'union a
» toujours été réputée légitime, peut être obligé à faire
» preuve de fa légitimité par la remife de l'Acte de célébra-
» tion du mariage. Cette queftion en thefe doit être déci-
» dée en faveur de l'enfant, & dans notre caufe elle doit
» l'être à plus forte raifon en faveur d'Etienne Salles, à
» caufe des circonftances ».

Elle le fut auffi par l'Arrêt du 9 Juillet 1770, qui fuivit en
tout point les Conclufions de M. l'Avocat Général.

Autre Arrêt le 10 Juillet 1770, à l'Audience de la Grand'-
Chambre, qui a jugé que les peines prononcées contre les
Relaps, par la Déclaration de 1724, ne pouvoient pas être
infligées à un Proteftant qui n'avoit jamais fait abjuration,
ni profeffé publiquement la Religion Catholique. Antoine
Benech fut atteint d'une violente maladie dans le mois de
Janvier 1747. Le Curé de Burniquel fe tranfporta chez le
malade, efcorté de trois témoins, en préfence defquels il
fomma le fieur Benech de déclarer s'il vouloit recevoir les
Sacremens de l'Eglife ? Le malade répondit : qu'il vouloit
mourir dans la croyance de fes peres, dans laquelle il avoit
vécu. Le Curé fit fa dénonce au Procureur Fifcal de Burniquel, qui porta plainte devant le Juge du lieu, contre la
mémoire du fieur Antoine Benech. Le Curé & les trois témoins ayant été entendus, & la Procédure envoyée au
Greffe du Sénéchal de Montauban, il intervint Sentence le
3 Février 1748, qui déclare le fieur Antoine Benech « at-
» teint & convaincu du crime de Relaps ; pour réparation
» de quoi, ordonne que fa mémoire demeurera condam-
» née, éteinte & fupprimée à perpétuité ; & déclare fes
» biens acquis & confifqués au profit du Roi, diftraits les
» frais de Juftice ». Le fieur Antoine Janols, coufin ger-
main & héritier du prétendu Relaps, ne releva appel de
cette Sentence que par Lettres du 25 Novembre 1769. Me.
Jamme, fon défenfeur, démontra en plaidant, que la Dé-

claration de 1724 avoit été mal entendue par le Sénéchal ; & qu'il impliquoit dans les termes, de condamner comme Relaps, un Proteſtant qui n'avoit jamais fait abjuration, ni profeſſé publiquement la Religion Catholique ; qu'il n'eſt point d'autorité ſur la terre qui puiſſe dénaturer des vérités de fait, & ſubjuguer l'opinion des hommes au point de faire regarder comme Catholiques Relaps des Citoyens qui n'ont jamais ceſſé d'être Proteſtans. En conſéquence, l'Arrêt faiſant droit ſur l'appel du ſieur Antoine Janols, a caſſé la Plainte, Information & tout l'enſuivi, & relaxe la mémoire d'Antoine Benech de la fauſſe & calomnieuſe accuſation intentée contre elle, & ordonne que tous détenteurs de ſes biens feront tenus de les délivrer au ſieur Janols, au premier commandement qui leur en ſera fait.

DÉCISION
DE LA FACULTÉ
DE MÉDECINE
DE MONTPELLIER

Sur un Rapport fait par autorité, & sous les yeux de la Justice, d'un cadavre du sexe féminin retiré d'un puits où il avoit séjourné pendant quelques jours On demande, si ce Rapport mérite d'être regardé comme un Acte juridique, fait en connoissance de cause, s'il doit faire foi en Justice ; & quel égard on doit avoir au changement que le Médecin y a apporté par sa rétractation.

NOUS sentons combien la matiere sur laquelle on demande notre avis est délicate ; combien, de quelque côté qu'on l'envisage, elle intéresse essentiellement la Société. C'est pourquoi nous avons cru pouvoir la discuter avec toute l'exactitude & la circonspection possibles. Et afin d'exposer avec méthode & clarté le résultat de nos délibérations, nous transcrirons sur une colonne le Rapport qu'on nous propose d'examiner : nous joindrons nos remarques à côté de chaque endroit de ce Rapport, qui nous paroîtra l'exiger ; & de ces remarques suivront naturellement nos réponses aux questions proposées.

RAPPORT.

Nous, &c. avons vu un cadavre qu'on nous a dit avoir été retiré quelques heures auparavant d'un puits situé audit lieu. Et procédant à la visite dudit cadavre, en présence du Juge, du Procureur Fiscal, des Consuls & autres habitans dudit lieu : après avoir mis ledit cadavre à nud, nous avons reconnu qu'il étoit dans ce puits depuis quelques jours, en ce qu'en appliquant & traînant la main sur la peau, l'épiderme s'en enlevoit. Examinant les deux mains, nous avons trouvé la peau de chaque main, depuis l'extrêmité des doigts jusques au carpe, toute blanche & ridée. Venant ensuite à l'examen du visage, nous avons trouvé les joues boursouflées & livides, [a] avec un gonflement sur la partie antérieure & latérale gauche de l'os frontal, un peu au dessus de l'orbite [b]. Les levres grosses & livides [c]. La bouche ouverte sans écume : les narrines dilatées sans jetter aucune morve [d]. Examinant ensuite la tête, nous n'y

REMARQUES.

(a) SIGNE de putréfaction déja portée à un haut degré.

(b) Il paroît qu'il y avoit contusion dans cet endroit.

(c) Signe de putréfaction déja portée à un haut degré.

(d) Cette observation n'est point une preuve, elle n'est qu'un simple & foible indice

avons reconnu aucun coup ni contufion [e], mais elle tournoit en tout fens, comme fi elle ne tenoit point aux vertebres du tronc, [f] & procédant à la vifite du col dudit cadavre, nous l'avons trouvé extrémement gonflé dans toute fa circonférence, livide à fa partie antérieure depuis le commencement du deffous du menton jufqu'à l'articulation des clavicules, avec une contufion fur la partie gauche & un peu poftérieure au-deffus de l'épaule, & de ce côté, de trois ou quatre pouces de circonférence, avec lividité, & partie de l'épiderme enlevée [g]. Et faifant la diffection de cette partie antérieure, après en avoir enle-

que cette fille ne foit pas morte noyée

(e) Ceci paroît contredire l'endroit du rapport fur lequel nous avons fait la remarque (b).

(f) Cette facilité avec laquelle la tête tournoit en tout fens, prouve qu'il y avoit fracture ou luxation aux vertebres du col, ou l'une & l'autre. On eft en droit de reprocher aux Experts leur peu d'exactitude ; ils auroient dû pouffer leurs recherches fur cet article, & examiner quel étoit le dérangement des vertebres qui occafionnoit cette facilité avec laquelle la tête tournoit en tout fens. Car de deux chofes l'une, ou la tête n'avoit point cette facilité contre nature, à fe mouvoir en tout fens, qu'ils ont cru voir, ou il y avoit, comme nous venons de le dire, fracture ou luxation aux vertebres, ou l'un & l'autre.

(g) Il y avoit ici une éraflure. Ces fortes de bleffures de la peau, font produites par le choc oblique d'un corps

L ix

RAPPORT.

vé les tégumens communs ; nous avons trouvé une grande quantité de fang extravafé, grumelé & pourri ; le vuide au-deſſous de l'os hyoïde en étant tout rempli, fes muſcles très-gonflés & livides ; & continuant cette même opération, dans toute cette partie, antérieurement & poſtérieurement, nous avons trouvé tous les muſcles de cette partie abreuvés & chargés d'un fang extravafé, grumelé & pourri [h]. Et toute cette partie affaiſſée fans aucun

REMARQUES.

dur, foit qu'un tel corps mis en mouvement frappe obliquement contre une partie du corps, foit que notre corps lui-même frappe en quelque endroit obliquement contre un corps dur & plat.

(h) On obſerve principalement dans cet endroit du rapport, qu'il y avoit extérieurement lividité dans toute la partie antérieure du col, gonflement dans toute fa circonférence ; poſtérieurement une quantité de fang épanché, grumelé & pourri, les muſcles de l'os hyoïde très-gonflés & livides, & dans toute cette partie, tous les muſcles abreuvés & chargés d'un fang extravafé, grumelé & pourri ; la lividité des tégumens de la partie antérieure du col, le gonflement & la lividité des muſcles nous paroiſſent des effets fubféquens de l'épanchement du fang & de fa putréfaction. Cet épanchement ne peut être l'effet de l'étranglement. On n'en a obſervé aucun figne dans le cadavre. On fait d'ailleurs qu'il ne produit point de tels effets. On ne conçoit pas davantage qu'il puiſſe être l'effet d'un étouffement opéré, comme difent plus bas les Experts, par quelqu'autre moyen ; mais il y a lieu de préſumer que cet épan-

REMARQUES.

chement aura été produit par quelque coup violent dont la fracture de quelques vertebres, & la rupture de quelques vaisseaux auront été les suites.

RAPPORT.

déplacement [i], continuant notre visite sur le reste du cadavre, nous n'avons rien remarqué qui dénotât aucune violence : & étant venus au ventre, après lui avoir fait une incision au-dessous du nombril, à côté de la ligne blanche, à sa partie droite, il n'est sorti par cette incision, assez profonde &

(i) *Cet endroit du rapport offre une double contradiction. Les Experts ont dit plus haut que le col étoit* extrêmement gonflé dans toute sa circonférence ; *& peu après, que* les muscles étoient trés gonflés. *Ils disent ici que toute cette partie étoit affaissée. Ils ont dit encore plus haut,* que la tête tournoit en tout sens comme si elle ne tenoit point aux vertebres ; *& ils disent ici qu'il n'y avoit* aucun déplacement.

assez dilatée, aucune goute d'eau ni de sang. Au contraire, les visceres contenus dans le ventre, se sont trouvés sains & sans altération ni gonflement, ni aucune indication qui pût faire soupçonner la vertu de cette fille. En considération de nos visites & de nos recherches, nous disons que ce corps a croupi dans l'eau depuis quelques jours, & que si cette fille se fût précipitée dans le puits d'elle même, elle se seroit noyée, & le ventre avec ses intestins se seroient trouvés remplis d'eau, qui, croupissant dans cette capacité, en auroient coulé par l'incision qui a été faite, le séjour ne pouvant admet-

RAPPORT

tre aucune évacuation, par le défaut des forces nécessaires pour cela, & que tous les solides relâchés, auroient flottés dans l'eau contenue dans le ventre [l]. Toute la violence que nous avons reconnue est au col, sans qu'il y ait pu se reconnoître aucun vestige de serrement avec une corde ou autre instru-

REMARQUES.

(l) Croire que dans les noyés, non seulement les intestins, mais encore la capacité de l'abdomen, doivent être remplis d'eau ; que les solides doivent flotter dans cette eau ; que si par une simple incision faite au ventre il n'en coule point d'eau, on peut être assuré que la personne qu'on trouve morte dans l'eau n'est pas morte noyée, c'est un tissu d'erreurs impardonnables, & des plus grossieres qui ayent jamais été commises en matiere de rapport.

RAPPORT.

ment [m] ; en conséquence nous disons que cette fille peut avoir été étouffée par quelqu'autre moyen.

REMARQUES.

(m) Cette observation des Experts exclut toute idée d'étranglement. Nous avons déja remarqué (h) que les altérations qu'on a observées au col du cadavre excluoient pareillement cette idée, & ne permettoient pas davantage de penser qu'elles fussent l'effet d'un étouffement opéré par quelqu'autre moyen. Nous ajoutons encore ici une considération qui nous paroît essentielle. C'est que l'épanchement considérable de sang, & la fracture ou luxation des vertebres que suppose nécessairement la facilité avec laquelle la tête tournoit en tout sens, ne peuvent

REMARQUES.

avoir été l'effet du choc d'un corps de peu de volume ; vu que pour produire un pareil effet , ce corps auroit dû avoir une telle rapidité qu'il auroit nécessairement entamé les tégumens. Nous jugeons donc qu'il y a tout lieu de présumer que cet épanchement de sang & cette fracture , ou luxation des vertebres , n'ont pu être produits que par le choc violent d'un corps large & massif , soit qu'un tel corps ait tombé ou ait été lancé sur la tête , ou sur la nuque du col du sujet , soit que le sujet lui-même , en se précipitant , ait frappé de la tête ou de la nuque du col contre un tel corps. Voyez l'observation qui termine la note (p).

RAPPORT.

(n) Mais toujours qu'elle a été jettée morte dans le puits (o), ne trouvant point d'indications qui nous prouvent

(*n*) *Voyez les remarques (h) & (m).*

(*o*) *Supposant même que les Experts eussent fait effectivement les recherches nécessaires pour s'assurer que cette fille étoit morte avant d'être submergée , la conclusion qui fait l'objet de cette remarque n'en devroit pas moins être qualifiée de peu circonspecte. Se croyant bien assurés qu'elle ne s'étoit pas noyée , ils auroient dû simplement conclure qu'elle étoit arrivée morte au fonds du puits , mais ils devoient laisser à la Justice le soin de découvrir si cette mort étoit l'effet de violences qui eussent précédé la précipitation de cette fille dans le puits , ou si en s'y précipitant elle - même elle ne se seroit pas tuée avant d'arriver au fonds. En effet , rien de plus naturel que de penser , qu'une personne qui se précipite dans un puits , peut , en donnant de la tête ou de la*

REMARQUES.

nuque du col contre une pierre un peu faillante ou
contre le feau, s'enfoncer le crane, fe luxer & frac-
turer les vertebres, fe tordre le col comme on dit;
& par l'effet de femblables contufions, fe tuer net,
pour ainfi dire, & arriver morte an fonds du puits.
L'expérience paroît prouver auffi la poffibilité d'un
tel événement. Il y a quelques années que M. le
Roi, l'un de nous, fut appellé pour fecourir la
nommée Coulan, qu'on venoit de tirer du puits de
la Barlerie, où elle s'étoit jettée dans un accès de
délire, à neuf ou dix heures du matin. Cette femme a été guérie, quoique l'état dans lequel elle étoit
après cet accident fît craindre pour fa vie. Elle
avoit des contufions & des éraflures fi nombreufes &
fi fortes à la tête, aux épaules & aux jambes, qu'il
étoit aifé de fentir que fi dans fa chûte la tête
avoit porté plus directement fur les pierres qu'elle
avoit rencontrées, cette femme ou fe feroit tuée fur
le coup ou feroit arrivée dans l'eau, ou paralyfée,
ou fi étourdie qu'elle fe feroit noyée infailliblement;
& que dans l'un & l'autre cas, fi un pareil accident
fût arrivé dans la nuit, ou dans un lieu écarté, des
Experts peu circonfpects auroient pu facilement
indiquer à la Juftice la re-
cherche d'un coupable qui
n'eût point exifté.

RAPPORT.

qu'elle fe foit noyée
elle même [p]

(p) Nous avons remarqué
ci deffus (l) que les obfervations fur lefquelles cette conclufion des Experts eft ap-
puyée, ne prouvent rien de pareil, mais bien qu'ils
manquoient des connoiffances néceffaires pour procéder à la vérification qui leur étoit confiée. Ils
auroient dû, profitant des expériences de M. Louis

REMARQUES.

Sur les noyés ; expériences qui ont été confirmées depuis de la maniere la plus authentique : ils auroient dû, disons-nous, ouvrir la poitrine, & voir si les poumons n'étoient point gonflés, s'il n'y avoit point d'eau dans la trachée artere & dans les bronches. Ces recherches ayant été omises par les Experts, la conclusion qui fait le sujet de cette remarque ne peut être regardée que comme gratuite & destituée de preuve. On auroit tort de croire que malgré l'omission de ces recherches, l'état dans lequel on a trouvé le col du cadavre prouve suffisamment que le sujet n'a pas dû vivre un instant après un pareil dérangement ; que par conséquent il ne peut qu'être arrivé mort au fonds du puits, qu'il ne peut s'être noyé ; car les contusions mortelles par fracture & luxation des vertebres du col n'affectent pas toujours la moële de l'épine au degré nécessaire pour éteindre dans l'instant le principe de la vie. Le 10 Septembre 1766, la nommée Dezon, femme de Laurent, passant dans la rue de Lavolfere, reçut sur la nuque du col une grosse botte de foin jettée du troisieme étage. Elle fut d'abord paralysée de tous ses membres, mais elle ne mourut que le dix-huitieme jour : l'ouverture de son cadavre faite par autorité de Justice fit connoître qu'il y avoit luxation & fracture aux vertebres du col, & dépression de la moële épiniere à l'endroit de la luxation. N'est-il pas évident que si, tombant ou se précipitant dans un puits, cette femme s'étoit blessée de la même maniere elle se feroit noyée ? N'est-il pas évident que dans ce cas des Experts qui se seroient conduits dans leur vérification, comme ceux dont nous examinons le Rapport, auroient induit la Justice en erreur, & ne lui auroient pas indiqué le véritable genre de mort dont cette femme auroit péri ?

Réfumption du Médecin & Chirurgien.

Le Chirurgien réfumé a perfifté , & le Médecin a dit & répondu que fa Relation contient vérité, fauf en ce que fur la fin du rapport, il y a une erreur qui n'a été comprife dans icelui que par condefcendance pour le Chirurgien, qui foutenoit avec entêtement ; malgré les raifons & les expériences que le Répondant avoit par devers lui, & auxquelles il fut impoffible de rappeller ledit Chirurgien, que n'y ayant point d'eau dans la capacité du ventre du cadavre , la fille avoit été étouffée avant d'être jettée dans le puits. Le Répondant fe feroit bien gardé de lui-même de donner dans une erreur auffi fenfible : attendu qu'il eft phyfiquement démontré que ce n'eft pas l'eau qui étouffe les noyés, mais bien le défaut de refpiration occafionné par le ferrement & la grande contraction des organes deftinées à recevoir l'air néceffaire à la vie ,

& qu'ainfi il demande que cette erreur ne lui foit pas imputée lorfqu'il fera queftion de faire ufage de fon rapport. [q].

REMARQUES.

(q) C'eft avec raifon que le Médecin retranche ici les erreurs qui font le fujet de la note (b).

Le Répondant ajoute en outre que s'il n'y avoit point eu une fchymofe à la partie gauche & un peu latérale poftérieure du col, d'une certaine circonférence avec le défaut d'articulation des vertebres de cette même partie , & une extravafion de fang dans toute la circonférence du col , avec le meurtriffure des mufcles internes de ladite partie & un ferrement d'iceux , comme s'ils avoient

RAPPORT.

souffert quelque vio-
lence, il ne pourroit
pas affurer qu'on
eût ufé de violence
contre ladite fille
[r], attendu qu'en
fe précipitant elle-
même elle auroit pu,
en donnant contre
le côté du puits,
occafionner un dé-
rangement & un dé-
placement des ver-
tebres & une extra-
vafation de fang par
la rupture des vaif-
feaux jugulaires [s]:
mais tout le col gé-
néralement étant
rempli d'un fang ex-
travafé, & dans la
fituation ci - deffus
dite, il foupçonne
avec raifon qu'on a
ufé de violence fur
ce corps, avant
qu'il ne fût jetté
dans le puits [t].

REMARQUES.

*(r) Dans cette phrafe de
la réfumption du Médecin,
l'échymofe, la luxation des
vertebres, l'extravafation du
fang, la meurtriffure des mufcles internes font prifes pour
des fignes que cette fille a été
d'abord tuée & jettée enfuite
dans le puits, ce qui préfente
un fens tout contraire à celui
de la phrafe qui fuit immédiatement. A l'égard des ferremens des mufcles, voyez les
remarques (i) & (m).*

*(s) Dans cette feconde
phrafe de la conclufion de cette
réfumption, on tire des mêmes
accidens une conféquence toute contraire à celle qu'on en
avoit tiré dans la phrafe qui
la précede immédiatement,
puifqu'on obferve ici avec raifon que ces accidens ont pu
être l'effet des contufions ar-
rivées au fujet en fe précipitant lui-même dans le puits.
Voyez l'obfervation qui termine la remarque (o).*

*(t) Cette derniere phrafe
eft conféquente à celle qui fait le fujet de la remarque (r). Elle eft contradictoire avec la phrafe inter-
médiaire qui fait le fujet de la remarque (s).*

Ayant ainfi examiné par ordre & donné notre

REMARQUES.

avis fur chaque article du rapport, il nous fera
aifé de répondre en peu de mots aux queftions
propofées.

On demande donc en premier lieu, fi ce rapport mérite d'être regardé comme un acte juridique ?

Cette queftion ne nous paroît pas de notre reffort. C'eft aux Avocats à difcuter, aux Juges à décider, fi ce rapport a été fait avec toutes les forma-
lités qu'exigent les Loix.

On demande en fecond lieu, s'il a été fait en
connoiffance de caufe, s'il doit faire foi en Juftice ?

Ce Rapport n'a point été fait en connoiffance de
caufe. Les Experts favoient bien quel étoit l'objet
de leur vérification. Mais ils manquoient des connoiffances néceffaires pour y procéder avec exactitude, & répondre dignement à la confiance de la
Juftice. Il nous paroît également clair & certain
que les erreurs dans lefquelles ils font tombés [l],
les conféquences fauffes ou peu circonfpectes [$o, p,$]
qu'ils en ont déduites, ne méritent pas plus de foi
en Juftice, que les contradictions manifeftes [$i, r,$
$f, t,$] qui leur ont échappé.

On demande enfin quel égard on doit avoir à la
rétractation du Médecin ?

Dans cette rétractation, le Médecin renonce avec
raifon, aux erreurs qui font le fujet de la remarque
[l]. Quant à la conclufion de fa réfumption, nous
avons remarqué [$r, f, t,$] qu'il y concluoit le pour
& le contre. Que dans l'antè pénultieme & la derniere phrafe, il perfiftoit dans l'affirmation pofitive
que le fujet avoit été jetté mort dans le puits, tandis que dans la phrafe intermédiate, il infinue que

le

REMARQUES.

le fujet a pu s'y précipiter lúi-même & fe tuer dans la chûte en donnant *contre le côté du puits* ; & ce qu'il y à de plus étonnant, que des conféquences auffi évidemment contradictoires, étoient néanmoins tirées des mêmes indices.

Pour conclure & nous réfumer, nous difons,

Primò. Que les Experts n'ont ni connu ni employé les moyens néceffaires pour s'affurer fi le fujet avoit péri noyé, ou non, & que par conféquent il refte une entiere incertitude fur cet article : voyez les remarques [*l*, *p*,].

Secundo. Que l'état dans lequel l'on a trouvé le col du cadavre, prouve qu'il y avoit dans cet endroit une contufion mortelle, mais qu'on ne peut fans témérité prononcer fur la feule infpection du cadavre ; que les dérangemens qu'on a obfervés dans cette partie, n'ont pu qu'être l'effet des violences extérieures : voyez les remarques [*m*, *o*,].

Tertio. Enfin, que l'affertion pofitive des Experts, & la nature des altérations obfervées dans le col du cadavre, exclut toute idée d'étranglement, & que nous ne concevons pas comment les Experts ont pu conclure que cette fille pût avoir été *étouffée par quelqu'autre moyen*, vu que les altérations obfervées dans le col du cadavre n'offrent que des fignes de contufion, & point du tout d'étouffement : voyez les remarques [*h* & *m*,].

Délibéré à Montpellier, dans le Conclave du Ludovicée de Médecine, le 18 Juillet 1769. IMBERT, Chancelier. LAMURE, Doyen. LEROY. RENÉ. GOUAN. BROUSSONET.

Je fouffigné, ayant lu & mûrement examiné la Délibération ci-deffus de mes Collegues, y adhere

en tous points. A Montpellier, ce 31 Juillet 1769.
VENEL, Sous-Doyen.

Je soussigné, déclare de même que mon avis est entiérement conforme à la présente Délibération de mes Collegues, ce 4 Août 1769. BARTHEZ.

CONSULTATION

DE MM. LES PROFESSEURS

DU COLLEGE ROYAL DE CHIRURGIE

DE MONTPELLIER.

D'un Rapport fait par autorité & sous les yeux de la Justice, sur l'état d'un Cadavre du sexe féminin, retiré d'un puits, où il avoit séjourné pendant quelques jours, conçu en ces termes :

Nous, Docteur en Médecine de la Faculté de Montpellier, & Nous Maître en Chirurgie, nommés d'office pour la visite d'un corps mort d'une fille, nous sommes transportés au lieu de...... où étant entrés dans la Maison de Ville, nous avons vu un cadavre qu'on a dit avoir été retiré quelques heures auparavant d'un puits situé audit lieu ; & procédant à la visite dudit cadavre, en présence du Juge, du Procureur Fiscal, des Consuls & autres habitans dudit lieu, &c.

Examen du Rapport ci-dessus.

Les Professeurs Royaux du Collège de Chirurgie de Montpellier, ayant été requis pour faire cet examen, se sont assemblés & ont conclu ce qui suit.

La premiere faute qu'on remarque dans ce Rapport, est une contradiction très-frappante. On a trou-

M ij

vé , y eſt il dit, un gonflement ſur la partie antérieure & latérale gauche de l'os frontal, un peu au-
deſſus de l'orbite ; & plus bas, il eſt dit, qu'ayant
examiné la tête , on n'a reconnu aucun coup ni
contuſion. Cette premiere circonſtance mérite attention. MM. les Vérificateurs ſe contrediſent for-
mellement.

La ſuite de la déciſion porte, que tout le déſor-
dre s'eſt trouvé au col, ſans avoir rien remarqué
qui dénotât aucune violence ; mais la tête trouvée
mobile dans tous les ſens , les muſcles du col & de
la tête abreuvés & chargés du ſang également extravaſé, grumulé & pourri, & toute cette partie
affaiſſée ſans aucun déplacement, auroit-elle dû,
ce ſemble, engager MM. les Vérificateurs à une recherche plus ſcrupuleuſe ſur l'état des vertebres , ils
auroient trouvé ces os fracturés, les ſimples diſlo-
cations ou déplacemens ne permettent aucun mouvement libre du col, & que pour les produire , il
faut des coups violens ou de violentes chûtes ; des
cauſes légeres ne peuvent former aucun dérangement
qui puiſſe être dangereux pour la vie : MM. les Vérificateurs auroient pu conclure d'après ces connoiſſances, qu'il eſt poſſible de ſe tuer en le précipitant dans un puits, ou par différens chocs
contres ſes murs, ou en donnant la tête premiere
ſur le ſol du puits au-deſſous de l'eau , laquelle
étant en petite quantité , ne diminue pas la violence de la chûte. La tête a dû toucher la premiere , & le reſte du corps peſant ſur elle avec une
velocité conſidérable augmentée par la maſſe ,
peut avoir occaſionné la fracture qu'on auroit
trouvé aux vertebres du col, ſi on l'eût vérifié
avec ce ſcrupule d'examen & des connoiſſances
anatomiques ſi néceſſaires dans les rapports des
verifications des cadavres, ordonnées par la Juſtice.

Si la tête tournoit en tout sens, comme si elle ne tenoit pas aux vertebres du tronc, ainsi qu'il est dit dans le rapport de vérification, il devoit y avoir fracture complette, d'une ou de plusieurs vertebres cervicales, peut-être avec rupture entiere, de la moëlle de l'épine, des arteres vertebrales, & autres vaisseaux voisins; dans ce cas la fille a pu périr tout d'un coup, ou peu après : cet examen approfondi auroit donné à MM. les Vérificateurs l'explication de l'échimose extérieure, de la grande quantité de sang extravasé & grumelé, comme des autres phénomenes qu'ils ont observé, & qu'ils ont imaginé être une violence faite sur la fille avant d'être jettée dans le puits. Toutes les fractures des vertebres cervicales né donnent pas subitement la mort.

La preuve que cette fille ne s'est pas noyée, dit encore le Rapport, c'est qu'on n'a pas trouvé de l'eau dans la cavité du bas ventre. La cause de la mort des noyés n'est pas l'eau qui passe par les voies de la digestion, [communément il n'y en passe pas beaucoup]; mais la nécessité obligeant ceux qui sont submergés à respirer, l'eau prend la place de l'air, enfile la trachée artere, & les bronches, pénetre dans toutes les vésicules & cellules bronchiques; & c'est cette eau inspirée, qui passant dans des lieux seulement faits pour l'air, étouffe les noyés & est la cause physique de leur mort.

Si cette fille a péri d'abord, elle n'a pu se noyer; c'est la premiere réflexion qui devoit se présenter à l'esprit; mais dans une vérification de cette importance, il étoit très - essentiel, indispensable même, de faire l'ouverture de toutes les cavités, & d'en constater l'état ; c'est précisément ce que l'on n'a pas fait : comment pouvoir

conclure affirmativement d'après une pareille omiſ-
ſion ? Et cependant MM les Vérificateurs ont con-
clu dans leur rapport , qu'elle peut avoir été étouffée par quelqu'autre moyen , mais toujours qu'elle
a été jettée morte dans le puits , ne trouvant point
d indication , qui eprouve qu'elle ſe ſoit noyée elle-
même. Dans une affaire auſſi grave peut-on parler
par conjecture.

Dans la retractation du Médecin , il eſt dit
qu'il y a une erreur dans le Rapport , qui n'y a été
compriſe que par une condeſcendance pour le Chirurgien. Dans une cauſe auſſi grave , doit on affirmer ce qu'on ne penſe pas ? Il eſt dit dans la
premiere Relation , qu'on n'a pu connoître aucun
veſtige de ſerrement avec une corde ou autre inſ-
trument ; le Médecin réſumé dit dans ſon Rapport
particulier , que , *avec la meurtriſſure des muſcles
internes* de ladite partie , & un ſerrement d'iceux ,
comme s'ils avoient ſouffert quelque violence , il
ne pourroit pas aſſurer qu'on eût uſé de violence
contre ladite fille , attendu qu'en ſe précipitant
d'elle même , elle auroit pu en donnant contre
les murs du puits , occaſionner un dérangement
& un déplacement des vertebres , & une extra-
vaſation du ſang par la rupture des vaiſſeaux jugulaires. Mais tout le col généralement étant rempli
d'un ſang extravaſé & dans la ſituation ci - deſſus
dite , il ſoupçonne avec raiſon que l'on uſa de
violence ſur ce corps avant qu'il ne fût jetté dans
le puits. Quelle conſéquence & quelles contradictions ! Eſt-il de raiſonnement plus mal entendu ? Si cette fille a pu en ſe jettant dans le puits
ſe donner contre les murs , occaſionner un dérangement , un déplacement des vertebres , &
ce qui s'enſuit : comment a t il pu ſoupçonner avec
raiſon qu'on uſa de violence ſur ce corps , avant

qu'il fût jetté dans le puits ? Cette contraction est encore très manifeste.

D'après l'examen du rapport & nos réflexions, nous concluons que cette piece est erronée, qu'elle se contredit en plusieurs points, & qu'elle ne peut faire foi en Justice. A Montpellier, ce 31 Juillet 1769. LAMORIER, Doyen. GOULARD. I, SERRES. MEJAN. BOURQUENOD. GALABERT. ESPINAS. SARRAU. VIGAROUE. POUTINGON. L, SALTET.

CONSULTATION

DE M. LOUIS.

PROFESSEUR & Censeur Royal, Secrétaire perpétuel de l'Académie Royale de
Chirurgie , Chirurgien Consultant des
Armées du Roi , de la Société Royale
des Sciences de Montpellier , &c.

*D'UN Rapport fait par autorité & sous les
yeux de la Justice , sur l'état d'un Cadavre du sexe féminin , retiré d'un puits
où il avoit séjourné pendant quelques
jours , & conçu en ces termes :*

NOUS......, Docteur en Médecine de la Faculté de Montpellier, & Nous....., Maître
en Chirurgie , nommés d'office pour la visite d'un
corps mort d'une fille ; nous nous sommes transf-
portés au lieu de ......, où étant entrés dans la
Maison de Ville , nous avons vu un cadavre , qu'on
nous a dit avoir été retiré quelques heures auparavant d'un puits situé audit lieu ; & procédant à la
visite dudit cadavre , en présence du Juge , du Procureur Fiscal , des Consuls & autres habitans dudit
lieu , &c.

On demande au Conseil , soussigné , *si le Rapport mérite d'être regardé comme un acte juridique ,
fait en connoissance de cause ; s'il doit faire foi en
Justice ; & quel égard on doit avoir au change-*

ment que le Médecin y a apporté par sa rétracta-
tion ?

Le titre d'*Experts* donné par la Loi même à ceux qui sont chargés d'éclairer les Juges sur les choses dont la connoissance dépend des principes d'un art qu'ils n'ont point étudié, n'a jamais été accordé avec si peu de fondement que dans la circonstance présente. L'on ne peut cependant se dispenser d'admettre les faits mentionnés au Rapport ; c'est le témoignage des yeux que nous croyons irrécusable ; mais ce ne sont pas les seuls qui jugent ; ils ne sont que les organes par lesquels l'esprit apperçoit les choses extérieures ; & quand il porte un jugement erroné d'après des faits desquels, avec plus de savoir & de discernement, on auroit dû tirer des conséquences tout-à-fait contraires, il faut refuser le titre d'Experts aux hommes inhabiles qui ont jugé ainsi ; leur Rapport est nul , & l'on ne peut en faire d'application.

Il est visible que les auteurs du Rapport n'avoient pas la premiere notion des choses sur lesquelles ils ont prononcé. Nous sommes fâchés pour eux que l'intérêt de la vérité , le respect dû à la Justice, l'honneur de l'art qu'ils professent, & dont ils ont méconnu les lumieres les plus claires & les plus positives, nous obligent à donner la démonstration de cette vérité d'autant plus nécessaire à mettre dans son jour, que d'après ce Rapport, le pere de cette fille gémit sous le poids d'une accusation criminelle qui révolte l'humanité : il passe pour l'assassin de sa fille : on suppose qu'il l'a d'abord étouffée & ensuite jettée dans un puits.

La premiere assertion du Rapport est , que *si cette fille se fût précipitée dans le puits d'elle-même , elle se seroit noyée.* Cette proposition est évidemment fausse. Elle est démentie par la seule possibilité de se tuer en se précipitant dans le puits, par différens chocs contre ses parois. La preuve qu'elle ne s'est pas noyée, c'est, dit le Rapport, qu'on n'a point trouvé d'eau dans la capacité du bas ventre. Le ménagement dont on useroit dans le choix des expressions qui doivent qualifier cette proposition, & les raisonnemens qni tendent à l'appuyer, trahiroit la confiance de ceux qui consultent, & pourroit peut-être faire illusion aux Magistrats : il faut donc leur dire que cela est d'une ignorance crasse & révoltante. Quel rapport pourroit-il y avoir entre la cause de la mort des noyés, & un épanchement d'eau dans la cavité de l'abdomen? Le Médecin qui avoit souscrit à cette erreur, est *louable* d'avoir reclamé contre, si l'on peut se servir de ce terme d'honneur, lorsqu'on ne fait l'aveu d'une absurdité qu'en tombant dans une autre, moins ridicule à la vérité, mais trop grossiere sur un sujet si important. Car ce n'est point, comme il l'imagine, le défaut de respiration occasionné par le serrement & la grande contraction des organes destinés à recevoir l'air nécessaire à la vie, qui fait périr les noyés. La nécessité de respirer oblige ceux qui sont submergés, à respirer dans l'eau ; les bronches s'en remplissent : cette eau inspirée est une cause matérielle, permanente de suffocation, c'est un vrai corps étranger introduit du déhors, qui a pénétré dans toutes les cellules & vésicules bronchiques, où, suivant le vœu de la nature, l'air seul doit pénétrer. Voilà ce que le Médecin n'auroit pas dû ignorer.

Cette matiere a été discutée contradictoirement sous les yeux même de la Justice, à l'occasion du cadavre de Claudine Rouge, trouvée dans le Rhône, où elle avoit été jettée, après avoir perdu la vie. Les Chirurgiens du Roi à la Sénéchaussée de Lyon, chargés de faire les rapports en Justice, ont

[187]

bravé avec courage le danger qu'il y avoit àfaire, au
bout de quinze jours, l'ouverture d'un cadavre pu-
trifié. Ils ont examiné les poumons, pour voir s'ils
contenoient de l'eau : c'est l'intérieur de ce viscere,
c'est la cavité des bronches qui doit en être remplie
quand on s'est noyé. Le Rapport que nous sommes
forcés d'analyfer, ne dit pas un mot de l'ouverture
de la poitrine ; elle n'a pas été faite : les Auteurs de
ce Rapport ont donc ignoré les premiers principes
de l'art dans une affaire de si grande conséquence.
Il convient d'indiquer ici un Livre qui a pour titre :
*Expériences & Observations sur la caufe de la mort
des noyés , & les phénomenes qu'elle préfente*, par
MM. Faiffolle & Champeaux , Maitres en Chirurgie, gradués à Lyon , & Chirurgiens du Roi en
cette Ville. La lecture de cet ouvrage très intéref-
fant, qu'on trouvé à Paris chez Didot le Jeune, &
à Lyon chez de Laroche , Libraires , pourroit fournir aux Juges les motifs les plus puiffans pour rejetter le Rapport qui leur a été préfenté & leur en faire
connoître la nullité.

La rétractation du Médecin est juftement inju-
rieufe au Chirurgien, qu'il accufe d'entêtement,
après y avoir foufcrit fur une opinion abfurde , à
laquelle il en fubftitue une autre qui heurte la raifon
& l'expérience d'une maniere trop repréhenfible ,
quoiqu'il fe croie appuyé fur ces deux bafes fondamentales de notre art.

Cette rétractation est confirmative du Rapport
fait en commun fur les autres chefs. L'Auteur dé-
veloppe fon fentiment par des explications qui
achevent de prouver l'invalidité de fon Rapport.
Par la premiere décifion , tout le défordre s'étant
trouvé au col , & fans aucun veftige de ferrement
avec une corde ou autre inftrument , dont les im-
preffions auroient fubfifté , les Auteurs du Rapport

ont prononcé que la fille *pouvoit* avoir été *étouffée* par quelqu'autre moyen. Ils concluent qu'elle a été jettée morte dans le puits, parce qu'ils n'ont trouvé aucune indication qu'elle eût perdu la vie par la fub-merfion. Mais fi elle s'eft tuée en tombant dans le puits, elle n'a pas pu s'y noyer, quoiqu'elle s'y foit précipitée vivante ? C'eft la premiere réflexion qui devoit fe préfenter à l'efprit, & nous avons prouvé que quand même cette fille auroit été noyée, on ne le fauroit pas, puifque ceux qui ont fait le Rapport n'ont pas fait les recherches convenables pour en juger, & qu'ils ont manqué des connoiffances nécef-faires pour faire ces recherches.

Quels font donc les moyens violens qui ont caufé tous les défordres qu'on a remarqués au col de cette fille, & qui auroient dû lui donner la mort avant que d'avoir été jettée dans le puits ? Les auteurs du Rapport *préfument* qu'elle a été étouffée. Dans une affaire auffi grave que celle ci, & qui peut avoir des fuites fi terribles contre ceux qu'on croiroit les auteurs de ce crime, doit-on parler par conjectures ? Il faut certainement que l'exiftence & la nature du délit foit conftatée po-fitivement & d'une maniere précife. Il n'y a point eu de ftrangulation ; cette caufe eft for-mellement exceptée par les auteurs du Rapport. Ses effets ne fe font pas manifeftés ; la langue n'étoit point hors de la bouche ; les narrines étoient fans morve fanguinolente, nulle impref-fion circulaire au col, au-deffus des épaules, ni oblique fous le menton, qui prouveroit la fuf-penfion ; comme je l'ai démontré dans ma differ-tation fur les fignes, pour diftinguer à l'infpection d'un corps trouvé pendu, le fuicide d'avec l'affaffinat. On accufe l'étouffement ; mais comment a-t-on pu fuppofer que l'étouffement auroit produit des défordres, qu'on ne peut attribuer qu'aux chocs & aux contre-chocs caufés par la chûte dans le puits? L'effet de l'étouffement eft le féjour du fang dans les vaiffeaux par l'interruption de la circulation du fang. Les poumons & le cerveau auroient été fort engorgés : c'eft par le défaut de refpiration, que le principe vital auroit été fuffoqué ; & l'on n'a examiné ni le cerveau, ni les poumons, pour s'affurer de l'état de ces vifceres, dont les fonctions effentielles à la vie, doivent être abolies par la fuffocation. L'étouffement ne produit pas l'extravafion d'un *fang* qu'on trouve *grumelé* dans le tiffu célulaire ; *la meurtriffure des mufcles internes*, n'eft ni l'effet primitif ni confécutif de l'application d'une caufe extérieure, qui agit en étouffant. Les percuffions les plus fortes fur les corps privés de vie, ne caufent, ni épanchement, ni échymofe, ni contufion, c'eft un principe inconteftable. Toutes les circonftances, tout ee qui eft de fait dans le Rapport, prouve que la fille eft tombée vivante dans le puits. C'eft dans la chûte même qu'elle s'eft faite la contufion violente, défignée fous le nom de gonflement, à la partie antérieure & latérale gauche de l'os frontal. Pourrions - nous ne pas relever ici contre les Auteurs du Rapport, la contradiction par laquelle ils difent deux lignes plus bas, qu'à l'examen de la tête, ils n'y ont reconnu aucun coup ni contufion ? Qu'étoit donc ce gonflement à la partie antérieure & latérale gauche de l'os frontal, finon l'effet d'un coup qui, peut-être, a fracturé le crâne dans le lieu même, ou au voifinage, ou à la partie diamétralement oppofée ? La réfiftance de l'os, au contraire, a pu donner lieu à une commotion confidérable du cerveau, capable de tuer fubitement la perfonne. Mais parlons de ce qui eft pofitivement conftaté : la facilité du mouvement du col en tout fens, comme s'il

ne tenoit point aux vertebres du tronc, prouve que
celles du col ont été fracturées. Tout le sang extravasé & grumelé *intérieurement* dans toute l'étendûe
de cette partie ; la meurtriffure *intérieure* des mufcles, ont été l'effet de cette fracture, qui n'eft jamais
fuivie de déplacement par rapport à l'irrégularité
naturelle des pieces d'os qui ont plufieurs points de
contact pour fe foutenir mutuellement, & au nombre de ligamens & des mufcles qui affujettiffent &
contiennent les piéces fracturées ; l'expérience & la
raifon prouvent cette vérité. L'échymofe n'a paru extérieurement qu'à la partie antérieure du col, depuis
le deffous du menton, jufqu'aux clavicules, parce
que la maffe des mufcles qui recouvrent poftérieure-
ment la colonne vertebrale, n'a pas permis au fang
de pénétrer de ce côté, jufques fous les tégumens.
Si cette échymofe avoit été l'effet d'une violence
extérieure, la meurtriffure n'auroit pas été interne.

Le Médecin a eu, d'après les notions commu-
nes, quelques lueurs trop tardives fur la vraie caufe
de la mort, mais elles fe font diffipées dans le vuide
des principes de l'art. Il a bien fenti que cette fille,
en fe précipitant, *a pu donner contre le côté du
puits*, d'où fera arrivé, ce qu'il appelle dans un endroit, *un défaut d'articulation des vertebres*, &
dans un autre, *leur dérangement & déplacement*,
quoique dans le Rapport il foit dit expreffément,
qu'il n'y avoit *aucun déplacement* ; circonftance qui
ne-contredit pas l'exiftence de la fracture de plufieurs
vertebres, fans laquelle la tête auroit pu tourner en
tout fens, comme fi elle ne tenoit pas aux vertebres
du tronc. C'eft un fait pofitif déterminément ex-
primé dans le Rapport. Or, une fracture des vertebres du col, a-t-elle pu être caufée par aucune
violence extérieure, autre que la percuffion & la
répercuffion produites par le premier choc de la tête

[191]

contre un côté de puits , & par son renvoi contre
la partie opposée ; ce qui peut & doit même avoir
eu lieu plus d'une fois , suivant la profondeur du
puits. Le col a nécessairement été rompu & brisé
dans cette chûte ; de là , les dilacérations intérieu-
res , les ruptures des vaisseaux , & les épanchemens
que toute autre violence extérieure n'auroit pu produire. La personne ayant été tuée avant la submersion , elle ne s'est pas noyée. Il y a dans le Rapport
quelques indices qui le prouvent ; mais on ne peut
trop répéter qu'on a négligé les recherches qui auroient pu rendre ce fait incontestable.

Il suit de toute cette discussion , que la fille dont
il s'agit , s'est tuée dans la chûte , avant que de parvenir à la surface de l'eau ; que plusieurs causes ont
pu y contribuer , telles que la commotion du cerveau, & la dilacération ou compression de la moëlle
de l'épine , en conséquence de la fracture de vertebres du col ; que le Rapport a été fait sans soin &
sans connoissance des principes lumineux que l'art a
acquis sur cette matiere ; qu'on ne peut raisonnable-
ment y avoir le moindre égard , & qu'il seroit puis-
samment infirmé par la rétractation même , laquelle
manque des caracteres requis pour être admise. Car
on lit , dans les loix civiles de Domat (1) , que
celui qui a avancé de bonne foi un fait dont il reconnoît , par la suite , la fausseté , peut se rétracter ,
& qu'on doit avoir égard à sa rétractation , quand
il prouve , d'ailleurs , qu'il s'étoit trompé , sur-tout ,
lorsqu'il fait connoître la maniere dont il a décou-

____

[1] Supplément au Droit public , tom. 2, tit. 5, §. 18
pag. 234.

vert son erreur (2). Or , cela ne se trouve point dans l'espece présente , où l'on ne sort d'une erreur grossiere , que pour tomber dans une autre.

Ce contre-Rapport a été dicté par le seul desir de rendre hommage à la vérité. Les Auteurs du Rapport , les personnes à qui sa réfutation peut être utile , le temps & le lieu où les choses se sont passées ; toutes ces circonstances sont absolument inconnues au Soussigné , qui affirme son avis sur les faits exposés , en son ame & conscience. A Paris le 3 Juin 1769. *Signé* , LOUIS , Professeur & Censeur Royal , Sécretaire perpétuel de l'Académie Royale de Chirurgie , Chirurgien Consultant des Armées du Roi , de la Société Royale des Sciences de Montpellier , &c.

----

[2] *Celsus scribit licere responsi pœnitere , si nulla captio ex ejus pœnitentiâ sit actoris. Quod verissimùm mihi videtur. Maximè si quis posteà pleniùs instructus quid faciat , instrumentis vel epistolis amicorum juris sui edoctus. De ætate , §. ultimo , ff. de interrogationibus in jure faciendis.*

OBSERVATIONS

OBSERVATIONS

D'UN Médecin de la Province, Membre de la Faculté de Médecine de Montpellier.

POUR le sieur SIRVEN.

LA Demoiselle Sirven donnoit depuis long-temps des marques d'une démence très-décidée ; les remedes ordinaires ne produisant aucun bien, son Médecin conseilla de la faire changer d'air ; le pere de la malade adopta d'autant plus facilement ce conseil, qu'en le suivant, il éloignoit sa fille de plusieurs objets capables d'entretenir l'aliénation de son esprit ; il abandonna donc Castres pour aller avec sa famille à Saint-Alby ; il y avoit cinq ou six mois qu'il habitoit ce Bourg, lorsque sa fille, dans un des accès nocturnes de son délire, s'échappa de la maison ; quelques recherches qu'on fît, on n'en pût apprendre aucune nouvelle ; elle n'étoit cependant pas sortie du Bourg ; car son corps fut trouvé, flottant, vingt jours après dans un puits (1), qui est dans la place de Saint-Alby.

Le Juge de Mazamet se transporta sur les lieux, le matin de ce jour, 5 Janvier 1762 ; il ordonna qu'on tirât le cadavre du puits, & qu'on le portât dans la maison de Ville (2) ; l'après-midi du même jour, Monsieur Galet, Médecin ; & Monsieur

____

[1] Verbal de descente & visite, tenu par le Juge, du 4 Janvier 1762.

[2] *idem.* Verbal de prestation de serment par M. Galet,

N

Huſſon , Chirurgien , que le Juge avoit nommés
(1) , pour examiner l'état du cadavre, vinrent de
Mazamet à Saint-Alby ; ils remplirent leur charge
comme ils le jugerent à propos ; & après avoir mi-
nuté enſemble leur Relation , ils revinrent à Mazamet où Monſieur Galet la mit au net (2) , & enſuite
elle fut temiſe : ces Meſſieurs n'ayant pu découvrir
la cauſe de la mort de la Demoiſelle Sirven , ils
n'en diſoient rien dans leur Relation (3) ; ce ſilence
déplut, on ne ſait pourquoi, à ceux à qui elle avoit
été remiſe ; ils prétendirent par cette raiſon qu'elle
n'étoit pas concluante , & elle fut renvoyée à Monſieur Galet pour la rendre telle (4).

Ce Médecin , pour les satisfaire , tâcha de ſe
rappeller toutes les obſervations faites ſur le cadavre , il les examina de plus près (5) , & les
compara aux déciſions d'un Médecin Juif (6) ,
qui écrivoit à la fin du ſeiziéme ſiécle ; cet examen mémoratif , & le Médecin Hébreu enfante-
rent des ſoupçons (7) que la vue du cadavre

Médecin , & Huſſon , Chirurgien : ténu par le Juge , le
même jour 4 Janvier 1761.

[1] Verbal de prétation de ſerment, Relation des Experts.

[2] Reponſe à la douzieme interpellation de Sirven , par
Me Galet, le 11 Octobre 1769.

[3] On exige de ceux qui font une Relation , de dire
quelle eſt la cauſe du genre de mort d'un cadavre trouvé .
que dans la circonſtance préſente l'ayant paſſé ſous ſilence.
Réponſe du Médecin à la onzieme interpellation.

[4] *La même Relation , qui n'étoit pas concluante , on la
renvoya pour la rendre telle.* Réponſe à la même interpellation.

[5] *Et alors revenant ſur toutes les obſervations faites ſur le
cadavre , & examinant de plus près ce qu'il avoit à examiner.* Ibid.

[6] Roderic à Caſtro , dans ſon ouvrage intitulé : *Medi-
cus politic. ſive de officiis Medico politicis.* Lib. 4, cap. 11.

[7] Il ſoupçonne avec raiſon. *Réſumption.* Mais cet état
l'e avoit fait raiſonnablement ſoupçonner. Réponſe à la
onzieme interpellation.

n'avoit pû faire naître ; Monsieur Galet rendit la
Relation telle qu'on la defiroit : en y ajoutant les
foupçons & la doctrine dont ils étoient les fruits ;
il prétend,

1°. *Que la Demoifelle Sirven a été jettée morte
dans le puits ;* 2°. *Qu'elle peut avoir été étouffée ;
non par le ferrement du col, avec une corde ou
autre inftrument ; mais par un autre moyen :*
la Demoifelle Sirven étant une fille dont l'efprit
aliéné ne pouvoit infpirer que la commifération,
on ne peut pas imaginer qu'il y ait eu perfonne
d'affez inhumain pour la maltraiter, encore moins
pour lui donner la mort ; un pareil crime révolte
trop l'humanité pour le croire fans examen ; les
ames capables de tout ne doutent de rien ; mais un
caractere honnête & bienfaifant a befoin de preuves
pour fe perfuader certains excès : voilà pourquoi on
a voulu connoître les motifs des foupçons préfentés
dans la Relation ; & ce qu'on va lire eft le fruit de
l'examen qu'on a fait pour cela.

En premier lieu, nous préfenterons les raifons
fur lefquelles M. Galet établit fes affertions, & on
apprendra que ces raifons étoient des fantômes ima-
ginaires qui le féduifirent ; enfuite nous ferons voir,
que fans plufieurs négligences outrées, ce Médecin
auroit découvert la vérité, qu'il n'a pas plus connue que cherchée.

PREMIERE PARTIE.

Monfieur Galet fonde le premier foupçon, fur
ce que le cadavre n'offrit aucune indice de fubmerfion (1) ; mais il n'eft pas ici queftion des indices
qu'il pourroit recueillir dans les Obfervateurs mo-

---

[1] Voyez la Relation.

dernes ; ce Médecin ne connoît d'autres signes de submersion que ceux que donne Roderic à Castro (1) ; il est donc nécessaire de présenter une idée de ces signes (2).

On connoît, assure ce Médecin, qu'une personne est morte noyée.

1°. *Par les muccosités qui coulent des narrines.*

Aucun Observateur n'a fait mention d'un pareil signe, qui est absolument étranger à la submersion.

2°. *Par l'écume qui sort de la bouche.*

Cette écume est un cas rare, qui ne peut être un signe de submersion (3).

3°. *Par l'érosion ou le déchirement de l'extrêmité des doigts (4).*

Les Observateurs ne parlent pas de cette érosion ; & si Roderic l'avoit observée, c'étoit un cas singulier, qu'il ne pouvoit donner pour un signe de submersion.

4ᵉ. *Par le gonflement du ventre plein d'eau.*

---

[1] Roderic à Castro étoit un Médecin Juif, Portugais, qui écrivoit à la fin du seizieme siecle.

[2] *Cæterum qui vivus in aquam submersus interiit cognoscitur quia venter inflatur aqua plenus ; & ex narribus muccositates profluunt, ex ore spuma ; digitorum extremitates corroduntur & exulcerantur, quia quasi furibundus perii quærens in arena, ubi possi consistere ut mortem vitet. Roder. à Castro. Medic. polit. lib. 4, cap. 11, p. 259.*

[3] Lorsqu'il arrive qu'il y a de l'écume dans les bronches, l'eau plus pesante que l'écume peut l'en chasser & prendre sa place ; mais ce n'est que pendant qu'elle commence de sortir de la glotte qu'on pourroit en observer dans la bouche ; car la supériorité de la pesanteur spécifique de l'eau sur celle de l'écume qui auroit chassé celle-ci des bronches, l'enleveroit encore plus facilement de la bouche.

[4] *Digitorum extremitates corroduntur & exulcerantur, quia quasi furibundus periit, quærens in arena, ubi possit consistere ut mortem vitet. Rod. à Castro, Med. polit. lib. 4, c. 11, p. 259.*

Tous les Médecins penfent aujourd'hui , fon-
dés fur plufieurs obfervations, que le gonflement
du ventre des noyés ne vient pas de l'eau qu'ils
ont bue , mais de la dilatation immenfe du poumon & de l'applaniffement du diaphragme [1].

Quoique ces fignes foient ou faux ou étrangers à
la fubmerfion, ou particuliers, & par conféquent
fort incertains , cependant ce Médecin ofe dire ,
que fi on ne les obferve pas dans les cadavres fub-
mergés , c'eft une preuve qu'ils ne font pas morts
dans l'eau , & que c'eft après la mort qu'on les y
a jettés [2] ; fuivant ces principes , tous les noyés
feroient dans ce cas-là, & l'eau n'en auroit fait périr
aucun ; on voit bien qu'avec une femblable doctrine, M. Galet ne pouvoit manquer de rendre
la Relation telle qu'on la defiroit : il dit, en effet ;

1°. *Que les narrines du cadavre ne jettoient au-*
cune morve [3].

On voit , felon Roderic , dans ceux qui pé-

---

[1] La plupart des Obfervateurs n'ont pas vu de l'eau dans
l'eftomac ni dans les boyaux des noyés ; plufieurs n'en ont
pas même apperçu dans les poumons ; parce que felon les
apparences, les fujets de ces obfervations avoient péri fans
remonter à la furface de l'eau , au lieu que les perfonnes qui
flottent quelque tems & qui s'enfoncent & furnagent alter-
nativement, avant d'expirer , peuvent boire quelques bou-
chées d'eau & font dans le cas d'en recevoir dans le poumon à la place de l'air : mais pour lors l'eau avalée ou def-
cendue dans l'eftomac eft en petite quantité , & il n'y a que
celle qui entre dans le poumon qui caufe la mort : voyez
fur cette matiere les Ouvrages fuivans. *Steph. Weizpremi,*
obferv. Medic. obf. octavâ Commerc. litter. nor. an. 1736 , *n.*
an. 1740 , *n.* 34. *Georg. de Tharding de Meth. fubv. fubmer-*
fis. Journal de Med. t. 12 , p. 131 , Dict. de Méd.

[2] *Ei verò qui mortuus jam in aquam fuit projectus , nec*
venter inflatur , quia viæ funt præclufæ , neque fpuma appa-
ret , quia nec refpiratio aderat , multó minus digiti corrodun-
tur , quoniam cum morte non fuit luctatus. **Rod. à Caftro.**

[3] Relation.

riffent dans l'eau , que la morve coule des narrines ; *ex narribus muccofitates profluunt ;* donc , &c.

2°. *Que la bouche étoit fans écume* [1].

On obferve , felon le Médecin Juif, dans ceux
qui périffent dans l'eau , de l'écume qui coule de
la bouche , *ex ore fpuma profluit ;* donc , &c.

3°. Que la peau de l'extrémité des doigts &
celle de tout l'intérieur des mains étoit blanche
& ridée [2], que par conféquent il n'y avoit point
d'érofion à l'extrémité des doigts : or , felon Roderic, ceux qui périffent dans l'eau , ont l'extrêmité des doigts écorchée , corrodée : *digitorum*
extremitates corroduntur & exulcerantur ; donc, &c.

4°. *Qu'on ne trouva pas d'eau dans les bo-*
yaux [3].

C'en étoit bien affez pour inférer que la Demoifelle Sirven n'étoit pas morte noyée , puifque
Roderic avoit prononcé que les noyés ont le canal
inteftinal rempli d'eau ; mais M. Galet trouva le
moyen de renchérir fur fon guide , en obfervant
de plus « que la capacité du ventre étoit auffi dé-
» nuée d'eau que les boyaux [4] ; car il n'en fortit
» pas une goute par l'incifion faite aux tégumens,
» quoiqu'elle fût , affure ce Médecin , affez profon-
» de & affez large [5] » : & comme il eft des cas où
on fe fert de tout , cette obfervation judicieufe ;
qui prouvoit feulement que le cadavre n'étoit pas
hydropique, fut employée par M. Galet à donner

---

[1] Relation.
[2] Relation.
[3] Relation.
[4] Relation.
[5] Relation. Lorfqu'il dit affez large , voudroit-il faire
obferver que la groffe eau pouvoit y paffer , comme felon
quelques Médecins de Moliere , le gros fang coule par les
grandes veines ?

une nouvelle force à la décision empruntée de
Roderic ; prévoyant ensuite en homme aussi prudent qu'éclairé ; prévoyant, dis je , que malgré
cela on pourroit encore l'infirmer, en disant que
quelque évacuation avoit dissipé cette hydropisie,
il se hâte de prémunir les Juges contre une pareille surprise ; & il dit « qu'il n'y avoit pas lieu de
» présumer que l'eau eut été vuidée, parce que le
» défaut des forces nécessaires pour cela, ne per-
» mettoit pas d'admettre cette évacuation [1] ».

Que de choses à dire sur ce qu'on vient de
voir , & en particulier sur les observations néga-
tives ! D'ordinaire on rapporte ce qu'on voit, &
il étoit réservé à M. Galet de parler de ce qu'il
n'avoit pas vu , afin , sans doute , qu'à la faveur
du contraste, que ses signes négatifs faisoient avec
les indices positifs de son guide, il pût établir avec
lui que la Dlle. Sirven n'étoit pas morte noyée,
& par conséquent qu'on ne l'avoit jettée dans
l'eau qu'après la mort.

« De là on voit avec évidence, (disoit M. Wetz-
» prem en 1755) quelle est la fausseté du Rapport
» de ces Médicastres, chargés d'examiner les cada-
» vres des noyés, qui, sur ce qu'ils ne trouvent point
» d'eau dans le poumon , dans l'estomac & les bo-
» yaux , certifient , avec Roderic à Castro & Felt-
» man, qu'ils ne sont pas morts dans l'eau, & que ce
» n'est qu'après les avoir fait périr dans l'air qu'on
» les y a jettés : » *unde clarissimè perspicitur, quam
falsò illi Medicastri cum Roderico à Castro & Felt-
mano in foro criminali de suffocatis interrogati re-
nuntient , si nullam in pulmone , ventriculo & in-*

---

[1] Qui (l'eau) croupissant dans cette capacité, (le ventre) en auroit coulé par l'incision qui a été faite, *le séjour
ne pouvant admettre aucune évacuation par le défaut des forces nécessaires pour cela.* Relation.

teſtinis aquam repererint , non aquis eos ſuffocatos, ſed in aïre priùs enectos & ita mox in aquas fuiſſe ab impia manu præcipitatos ; Steph. Wetapremi obſ. Med. obſ. 8 , in fine.

Peu de tems après avoir remis la Relation, M. Galet lut quelques ouvrages modernes où on examinoit la cauſe de la mort des noyés ; il apprit que les Obſervations démentoient la préſence de l'eau dans le ventre ; honteux d'avoir adopté un principe auſſi faux & auſſi ridicule , il réſolut auſſi-tót de corriger la Relation ; mais le Chirurgien qui l'avoit ſignée n'y voulut pas conſentir , de façon qu'elle conſerva la forme qu'elle avoit reçue dans la ſeconde édition ; & ce ne fut que long-tems après que M. Galet eut occaſion de déſavouer une partie de la doctrine qui regne dans cette piece ; il commença de le faire dans ſa ré- ſumption , faite le 22 Février 1763 , où il avan- ce que ces principes erronés ne lui appartien- nent pas , en quoi il dit vrai , puiſqu'il les tenoit de Roderic & non du Chirurgien , auquel ſa mé- moire ingrate voudroit les prêter [1] ; ce Médecin

---

(1) Il dit dans ſa réſumption , *que c'eſt par condeſcendance pour le Chirurgien, qu'il a dit , que n'y ayant pas d'eau dans le ventre, la Demoiſelle Sirven avoit été étouffée avant d'être jettée dans l'eau , & que de lui-même il ſe ſeroit gardé de don- ner dans une erreur auſſi ſenſible :* ce Médecin aime donc mieux qu'on ſoupçonne ſa délicateſſe que ſon ſavoir ; on croit ce- pendant la premiere fort au-deſſus du dernier ; & ſi Me Ga- let entend ſes véritables intérêts , il conviendra de bonne foi que lorſqu'il fit la Relation , il ne connoiſſoit d'autre do- ctrine ſur la mort des noyés que celle de Roderic ; cela n'em- pêchera point qu'il ne ſoit un très-bon Praticien ; d'ailleurs pourquoi n'auroit-il pas ignoré pour lors ce que les modernes avoient écrit ſur cette matiere , puiſqu'après ſes nouvelles lectures , il ignore encore une partie de leurs obſervations ? Ne dit-il pas en effet dans ſa réſumption , d'une maniere gé-

étant convenu [1] de l'erreur contenue dans la Relation, on attend qu'il rétractera sans peine & avec candeur les conséquences qu'il en avoit déduites ; rien de plus naturel & de plus beau que ce rétractement ! Mais aussi rien de moins conforme à son langage ; il convient de l'erreur de sa doctrine ; & malgré cet aveu, il continue de soupçonner la possibilité [2[d'une suffocation qu'il en avoit inférée ; il a sans doute pour le faire d'autres motifs que le nez sans morve ; la bouche sans écume, les doigts sans érosion, les boyaux sans eau, & le ventre sans hydropisie ; nous allons le voir ; mais nous observerons auparavant, que quoique M. Galet veuille induire à soupçonner une espece de suffocation si indéterminée qu'il semble les admettre toutes ; cependant il en exclut l'étranglement, par la raison qu'il ne vit pas le moindre vestige de resserrement autour du col ; cette espece & la submersion exceptées, il permet d'imaginer telle autre qu'on voudra ; il lui suffit qu'on pense qu'elle a pu arriver par un autre moyen [3] que ces deux là ; ce Médecin imagine, selon les apparences, que tous ces autres moyens causent des effets semblables sur le corps :

---

nérale, qu'il est physiquement sûr que ce n'est pas l'eau qui étouffe les noyés, &c ? Car quoiqu'il soit vrai, comme il le dit, qu'on n'ait pas trouvé de l'eau dans les poumons de quelques submergés, cela n'empêche pas que plusieurs Observateurs n'ayent vu que ce viscere en étoit absolument rempli ; qu'il lise sur-tout ce que le célebre M. Louis a écrit sur cette matiere.

(1) Dans sa résumption.

(2) On dit possibilité, parce que M. Galet ne dit pas positivement que la Dlle. Sirven a été étouffée, mais seulement qu'elle peut l'avoir été.

(3) Relation.

ces effets feroient-ils les nouveaux motifs que nous voulons connoître ? Pour le découvrir, il n'y a qu'à examiner d'un côté quels font les effets de la fuffocation, & voir de l'autre ce que M. Galet rapporte fur ce fujet dans la Relation.

Nous allons donc vérifier les effets de la fuffocation confidérés dans le bas ventre, dans la poitrine & dans la tête.

Effets de la fuffocation dans le bas ventre.

Les cadavres fuffoqués qui l'ont été dans l'infpiration, n'ont pas le diaphragme concavé vers le bas ventre, il eft abfolument applani de ce côté [1] ; dans la Relation, M. Galet ne parle point de cet applaniffement, ou parce qu'il avoit obfervé qu'il n'avoit pas lieu, ou parce qu'il n'avoit pas examiné l'état du diaphragme.

Si cet applaniffement n'avoit pas lieu, la Dlle. Sirven n'étoit pas morte dans l'infpiration ; fi on n'examina point le diaphragme, on n'avoit aucun foupçon de fuffocation, lorfqu'on vérifioit l'état du cadavre ; car, fi le Médecin & le Chirurgien en avoient eu la plus légere fufpicion, ils auroient examiné ce mufcle avec attention ; ce qui étoit d'autant plus facile, qu'on pouvoit voir fa fituation fans ouvrir la poitrine.

De-là on peut conjecturer que le foupçon ne date que de la feconde édition du Rapport, & qu'il fut une fuite de l'examen mémoratif ; examen moins dirigé par les obfervations faites, ou qu'on

---

(1) Georg. de Tarding. de meth. fubv. fubm. difp. Chirur. felect t. 2. p. 430. Herm. Boerhaa. prælect. in inft. § 609. Alph. Borelli de mot. anim. part. 1. prop. 81 & 84. H. Fab. ab aquap. de refp. p. 57.

auroit pu faire sur le cadavre , que par la doctrine du Médecin Juif, & l'obligation imposée au Médecin & au Chirurgien, de rendre leur Relation concluante ; *car elle fut renvoyée pour la rendre telle* [1].

Effet de la suffocation dans la poitrine.

Une personne qui meurt suffoquée périt , parce que la circulation a été interceptée dans le poumon , soit dans l'inspiration , soit dans l'expiration ; l'une & l'autre étant capable de produire cet effet , lorsqu'elle dure un certain tems [2].

Si c'est dans l'inspiration,

La poitrine est élevée , le creux de l'épigastre ne paroît pas ; le ventre est fort gonflé ; le diaphragme est applani ; le poumon est très-dilaté & il occupe toute la capacité de la poitrine ; les bronches sont tendues , & lorsqu'on les perce, il en sort avec impétuosité de l'écume sanguinolante.

Si c'est dans l'expiration.

La poitrine est affaissée , le creux de l'épigastre est sensible , les flancs ne sont pas tendus, le ventre est peu élevé , le diaphragme est convexe , le poumon est flétri ou affaissé , resserré & ridé ; l'angle que forment les bronches entre elles , est fort aigu ; leurs cerceaux cartilagineux sont rapprochés , de maniere que les plus étroits sont un peu engagés dans les autres ; tous les vaisseaux sanguins sont raccourcis , & ils ont intérieurement des rides tranversales.

---

(1) Réponse de M. Galet, à l'onzieme interpellation de Sirven.

(2) Hoockii , exper. tranf. Phil. n. 28, præl. Herm. Boerh. in inst. §. 607. Alb. hall. not. in præl Herm. Boerh. §. 200 not. m. §. 619 , n. 1 , Hales Aæmast. p. 78.

Si la Dlle. Sirven avoit péri suffoquée, on devoit obferver fur le cadavre les uns ou les autres de ces fignes ; mais on n'en rapporte aucun
dans la Relation : donc on ne pouvoit pas dire
qu'elle fût morte de cette maniere ; bien plus,
il paroît par la Relation, que non-feulement les
bronches ne furent pas ouvertes, mais que la
poitrine ne le fut pas non plus ; on ne foupçonnoit donc pas pour lors la fuffocation ; car fi le Médecin & le Chirurgien en avoient eu la plus légere idée, ils auroient examinés dans le plus grand
détail l'état de la poitrine, du poumon, des bronches & des vaiffeaux pulmonaires.

Voila donc un nouveau motif de conjecturer
que le foupçon de fuffocation ne date que de la
feconde édition du Rapport, & qu'il fut une fuite
de l'examen mémoratif de la doctrine de Roderic, & de l'obligation qu'on avoit impofée aux
Experts de rendre leur Relation concluante ; *car*,
obferve M. Galet, *on exige de ceux qui font une
Relation, de dire quelle eſt là caufe du genre de mort
du cadavre trouvé.* [1]

Effets de la fuffocation dans la tête.

Il eſt démontré que lorfque l'infpiration ou l'expiration durent un certain tems, le fang ne coule
pas librement à travers le poumon, & qu'il s'ac-
cumule dans la tête où il caufe fucceffivement
un étourdiffement, la perte du fentiment & la
mort. [2]

Si la Dlle. Sirven avoit péri fuffoquée, les finus

---

(1) Rép. de M. Galet, à l'onzieme interpellat. de Sirven.

(2) Harvei de Circ., fang. exerc. 3, p. 251.

Ger. van. Swiet. comm. in aph. 3, tom. 2, in §. 807, p.
609 & feq. In §. 774, pag. 548, tom. 3 ; in §. 1010. pag. 270.

veineux du cerveau, de même que les autres vaiffeaux de ce viscere, auroient été engorgés de fang.

Mais la Relation ne fait aucune mention de
l'engorgement des vaiffeaux du cerveau, ou parce
qu'il n'avoit pas lieu, ou parce qu'on n'examina
point ces vaiffeaux.

Si cet engorgement n'avoit pas lieu, la Dlle.
Sirven n'étoit pas morte fuffoquée, puifqu'il eft
impoffible qu'on périffe de cette maniere, que le
fang ne foit accumulé dans le cerveau.

Si on n'examina point les vaiffeaux du cerveau,
comme en effet on ne le fit pas, puifqu'on n'ouvrit pas le crâne, dont on n'enleva pas même les
tegumens (1) : fi on n'examina point, dis-je, les
vaiffeaux du cerveau, on ne foupçonnoit pas la
fuffocation lorfqu'on vérifioit l'état du cadavre ;
car fi le Chirurgien & le Médecin en avoient eu
la plus légere idée, auroient-ils négligé l'opération la plus propre à donner les indices les plus
certaines fur cet objet ?

Il n'eft donc plus poffible de ne point imaginer
que le foupçon de fuffocation ne fût enfanté que
dans l'examen mémoratif ; c'eft-à dire, lorfque
pour rendre la Relation telle qu'on la defiroit, on
en fit une feconde édition corrigée & augmentée.

Ainfi, c'étoit bien gratuitement qu'on fuppo-
foit que Me. Galet fondoit le foupçon de fuffocation fur des motifs nouveaux & plus folides que
ceux que la doctrine de Roderic lui avoit fournis ;
il n'avoit donc d'autre motif, pour établir ce foupçon, que les bouts des doigts fans érofion, les
narrines fans morve, la bouche fans écume, les
boyaux fans eau & le ventre fans hydropifie, réu-

____

(1) V. la Relation.

nis à l'obligation de rendre la Relation concluante , ou telle qu'on la defiroit.

On a démontré que ces motifs ou ces fignes
de fubmerfion étoient aufli faux que ridicules , &
M. Galet en convient dans fa réfumption ; on a
donc démontré , & M. Galet convient, que c'é-
toit fur des raifons aufli fauffes que ridicules ,
qu'on avoit hafardé de dire dans la Relation , que
la Dlle. Sirven pouvoit avoir été fuffoquée avant
d'être jettée dans le puits.

SECONDE PARTIE.

Où on fait voir que fans les négligences du Médecin
& du Chirurgien fur plufieurs objets , ils auroient
connu qu'une chûte volontaire dans le puits avoit
caufé la mort de la Dlle. Sirven

M. Galet auroit évité les erreurs qu'il doit fe
reprocher , & feroit parvenu à connoître la vérité qu'on l'avoit chagé de découvrir , s'il avoit fait
faire les opérations que les accidens extérieurs du
cadavre exigeoient qu'on fît ; s'il avoit examiné
le puits où on le trouva , & s'il avoit pris enfin
des informations qu'il a négligées. On ne vient jamais à bout de réfoudre un problême , lorfqu'on
néglige quelque connue ; la caufe de la mort de
la Dlle. Sirven étoit l'inconnue d'un problême
qu'on chargeoit Me Galet de réfoudre , & toutes
les chofes qu'il a négligées en étoient les connues : il ne pouvoit donc découvrir ce qu'il cherchoit , tandis qu'il l'auroit pu faire avec aifance ,
s'il eût pris les mefures convenables ; c'eft ce qu'on
va faire voir dans les détails fuivans.

Ayant obfervé un gonflement ou une contufion
à la partie antérieure & latérale gauche de l'os

frontal, un peu au deſſus de l'orbite (1), on devoit détacher les tégumens pour voir s'il y avoit
une fracture en cet endroit ; car il arrive ſouvent
que le crâne eſt fracturé ſans qu'il y ait une liaiſon
ſenſible à l'os , & quelquefois même ſans plaies &
contuſion apparente dans les chairs * , ou ſi le
contre-coup en avoit occaſionnée une au côté oppoſé (2) ; on ne pouvoit enſuite ſe diſpenſer de
faire ſcier le crâne pour examiner l'état du cerveau ; cela étoit d'autant plus néceſſaire , qu'il
arrive ſouvent que la lame intérieure des os du
crâne eſt fracturée , tandis que l'extérieur ne l'eſt
point. (3)

Dès qu'on avoit obſervé que la tête tournoit
en tout ſens comme ſi elle ne tenoit point aux
vertebres, on devoit examiner, 1°. ſi la moële de
l'épine étoit fracturée ou luxée , ou l'un & l'autre ; car la moëlle de l'épine fournit la plus grande
partie des nerfs qui donnent le mouvement & le
ſentiment au cœur, de même qu'aux autres viſce-
res (4) ; voila la raiſon de la mort ſubite de quel
animal que ce ſoit , à qui on plonge un ſtylet ,
une lame de couteau entre le crâne & la premiere

---

(1) Voy. la Relation.

(*) Voyez le Mémoire de l'Ac. Roy. de Chir. tom. 1,
p. 197, où M. Queſnai en rapporte pluſieurs exemples. Voy
encore P. Borell. Obſerv. cent. 2 , obſ. 20. C. Stalpart.
Vander Wiel. Obſ. tom 2. cent. 1, obſ. 1 , p. 6. Fabric.
Held. cent. 5, obſ. 85. *Idem.* Cent. 6 obſ. 11.

(2) Mém. de l'Ac. Roy. de Chir. t. 1, p. 212. Amat.
Luſit. Obſ. cent. 3, curat. 42, p. 25.

(3) Mém. de l'Ac. Roy. de Chir. t. 1, p. 211 , P. Borel.
Obſerv. centur. 2, obſ. 20, p. 121.

(4) Albert. Haller. in not. in prælect. Herm. Boerh. t. 3 ,
§. 600, not. 1, p. 329 & ſeq.

J. Chr. Theubeler , de vuln. capit. §. 50. Welſchius, de
rat. vulner. leth. jud. §. 18.

ou la feconde vertebre du col, comme on l'a obfervé fur les bœufs (1) , les moutons (2) , les
chiens (3) , les chats , & les poiſſons (4 & 5).

La fubſtance de cette moële eſt ſi tendre & ſi
délicate près du crâne , qu'elle ne ſauroit eſſuyer
un choc ou un tiraillement un peu conſidérable ,
ſans éprouver une lacération ou une compreſſion
ordinairement mortelle (6). En effet, un cerf
meurt ſubitement ſi on le frappe entre la tête &
les premieres vertebres (7) : il en eſt de même
d'un chat ſi on lui tire la tête & la queue (8).

Après ce qu'on vient de rapporter , il eſt aiſé
de comprendre , 1°. pour quoi tous les Médecins
conviennent que les plaïes de la moële ſont mortelles (9).

2°. Pour quoi ces plaies , de même que toutes
les autres laſions de cette partie , ſont regardées

---

(1) Galeni , de hipp. & plat. decret. lib. 7 , cap. 3.
Dampiere, voy. t. 1. Sennerti , oper. t. 3, lib. V, part. 4 ,
cap. 3, p. 371. J. Chr. Theubeler , loc. cit. §. 48.

(2) Riolani , anthrop. 4, p. 161.

(3) Bohnius , exam. vuln. leth. ſect. 1, p. 70. Bleigni Zodiac. gall. ann. 3, p. 56. Van Swieten, in aph. herm. Boerh.
§. 170.

(4 & 5) Zodiac. gall. loco laud.

(6) Laur. Heiſter , Inſtit. Chir. tom. 1 , part. 1 , lib. 3,
cap. V, §. 2.

(7) Schneider, de occip. ex notis alb. hall. loc. cit. in
§. 600 , not. 1.

(8) Zodiac. gall. *ibid.*

(9) Hyppoc. de morbis , lib. 1, chart. t. VII, p. 522.
Corn. Celſi. lib. V, cap. 26. Fallop. de vuln. in gen. cap.
4. Foreſti, Obſerv. Chir. lib. 6, obſ. 4, in ſchol. lib. 8, obſ.
4, in ſchol. lib. 9, obſ. 3, in ſchol. Welſchius, loc. cit. cap. 3,
pag. 48. Van Swieten, loc. cit. p. 254 Alb. Haller. loc. cit.
not. 1, ad §. 900. J. Chr. Theubeler, loc. cit. §. 49.

comm

comme beaucoup plus dangereufes que celles du cerveau & du cervelet (1).

3°. Enfin, pour quoi le déplacement de l'occiput ou des premiers vertebres du col caufe une mort fubite (2). 2°. L'état des vertebres étoient-elles fracturées ou fimplement luxées ? Quel étoit encore l'état de leurs ligamens & de leurs cartilages ? On auroit vu fi la fracture ou le déplacement des vertebres auroient caufé le déchirement de quelque vaiffeau, & comment il étoit arrivé.

L'état des vertebres, celui des ligamens & des vaiffeaux auroit fait connoitre que la tête ayant été fléchie fubitement & avec violence, en avant ou en arriere, cette flexion violente avoit caufé tous les dérangemens obfervés.

Eût-on apperçu que les ligamens des vertebres n'étoient tiraillés & déchirés que vers le devant du col, tandis que les tuniques de plufieurs vaiffeaux n'étoient ouvertes que de ce côté-là ? Il étoit décidé que la tête avoit été renverfée de devant en arriere ; & dès-lors on auroit reconnu que le coup qui avoit caufé ce renverfement avoit été appliqué fur l'endroit de l'os frontal contus, & peut-être fracturé.

Mais comment ce coup auroit-il été reçu ? Étoit-il l'effet d'une violence exercée contre la Demoifelle Sirven ? Me. Galet n'auroit pu s'arrêter à cette idée, s'il eût fu qu'en tirant le ca-

---

(1) Alb. Haller, loc. cit. not. 1, in §. 600, p. 329. Gorter, de mot. vit. §. 33.

(2) J. Chr. Theubeler, loc. cit. §. 49. Mauchard, de luxat. nuch. §. 18. *Idem.* de hern. incarc. comll. 1. Schneider ex hall. not. in §. 600. Laur. Heift. loc. cit. part. 1. lib. 3, cap. 5. §. 2.

dàvre du puits on n'avoit vu le moindre dérangement dans la coëffure ni dans le reste des habits ;
(1) au lieu qu'instruit de la démence de la Demoiselle Sirven , il auroit soupçonné que dans cet
état elle auroit bien pu se précipiter dans le puits ;
ce soupçon , léger d'abord , auroit acquis plus de
vraisemblance , s'il avoit jetté les yeux sur le
puits ; car sa profondeur & la petitesse de son
diametre , lui auroient fait comprendre qu'il étoit
fort possible que dans la chûte cette personne se
fût donnée le coup observé sur l'os frontal.

La possibilité de cette chûte volontaire étoit si
vraisemblable , que Me. Galet n'a pu éviter de
l'appercevoir ; mais il y a une remarque à faire
là-dessus qui mérite quelque attention. Cette
chûte pouvoit causer la mort de trois manieres
différentes ; 1°. Par une simple submersion : 2°.
Par le choc contre les parois & le fonds du puits ;
3°. Par le choc & la submersion : cependant de
ces trois possibilités qui devoient se présenter à
M. Galet , il n'apperçoit que celle qu'il peut
combattre ; par exemple dans la Relation il ne
voit uniquement que la premiere qu'il croyoit
détruite avec la doctrine de Roderic ; mais il la
perd de vue aussi-tôt qu'il n'a plus moyen de l'attaquer ; voila pourquoi , dans sa résumption ,
où il abandonne les principes de Roderic , il ne
parle plus de la submersion ; & pour lors il est
forcé de jetter un coup d'œil sur la seconde
possibilité ; & on dévine déja qu'il ne le fait qu'en
lui opposant des raisons qu'il croit propres à l'é-
luder ; après les avoir exposées , il dit que sans

---

(1) Verbal de descente & visite du cadavre , tenu par le
Juge , le 4 Janvier 1762.

ce qu'il vient de rapporter , *il ne pouvoit pas af-furer qu'on lui eût fait violence , attendu qu'en fé précipitant elle-même , elle auroit pû en donnant contre le côté du puits occafionner un dérangement , un déplacement de vertebres & une extravafation de fang , par la rupture des vaiffeaux jugulaires.*

Ainfi , fans certaines raifons , Me Galet feroit convenu qu'on n'avoit pas ufé de violence contre la Demoifelle Sirven , & qu'elle s'étoit précipi-tée elle-même dans le puits , à quoi, comme on l'a déja dit , il auroit dû être conduit par l'état de fa coëffure , par l'aliénation de fon efprit , & enfin , parce qu'en fuppofant une chûte volon-taire dans un puits auffi profond & auffi étroit (1) , il étoit fort facile de rendre raifon des ac-cidens obfervés fur le cadavre.

Tous ces motifs auroient donc obligé ce Mé-decin d'adopter cette idée fans les raifons qu'il oppofe ; voyons fi elles étoient affez fortes pour l'empêcher , non d'admettre , mais d'examiner une poffibilité que tant de chofes rendoient vrai-femblable : ces raifons fe bornent à une échy-mofe à la partie gauche, & un peu pofterieure

---

(1) Le puits a cinq pams de diametre, & fa profondeur eft de trente-cinq ; l'eau ne s'éleve que cinq pams , de forte qu'il y a trente pams de la margelle de fa furface ; le pam eft de huit pouces quatre lignes , ainfi que l'atteftent les Con-fuls dans un Certificat remis au procès, & qui a été précédé d'une vérification qu'ils ont fait faire. Le Docteur Galet répondant à la neuvieme interpellation , répond que *l'inter-valle de la chute étoit trop court , pour que cela fe fût fait fi précipitamment.* Comment le favoit-il , puifqu'il ne l'a pas fait mefurer ? Le Procès verbal de defcente , celui de préfta-tion de ferment & fa relation , tout prouve qu'il n'a pas vu le puits & la fauffeté de fa réponfe.

du col, & à un ferrement des mufcles internes
& leur meurtriffure (1).

Dès que M. Galet convenoit que la Demoifelle Sirven, en fe précipitant elle-même, &
donnant contre le côté du puits, avoit pu occafionner un déplacement des vertebres & une
extravafation du fang par la rupture des vaiffeaux jugulaires; dès que M. Galet convenoit,
dis-je, de la poffibilité de tout cela; pouvoit-il
de bonne foi refufer d'admettre l'échymofe au
nombre des accidens qu'une pareille chûte auroit pû caufer? Pourquoi n'auroit-elle pas occafionné celui-là auffi facilement que les autres?
D'ailleurs il étoit tout fimple de regarder cette
échymofe comme une fuite de l'extravafation du
fang qu'il regarde comme poffible : d'ailleurs c'eft
un accident journalier à la fuite des chûtes; cette
idée étoit d'autant plus vraifemblable, que la
pofition de cette échymofe étoit relative à celle
de l'un des vaiffeaux jugulaires dont la déchirure
fait partie de la poffibilité convenue par ce Mé-

---

(2) Car parmi les accidens qui engagent M. Galet, comme
il-le-dit dans fa réfumption, à foupçonner une violence
exercée contre la Dlle. Sirven, il en comprend deux, qui
félon qu'il en convient dans la même réfumption, auroient
pu arriver, fi cette perfonne s'étoit précipitée dans le puits;
or, dès que de l'aveu de M. Galet ils pouvoient être l'effet
d'une chûte ; par cela même, ils n'avoient pu contribuer
à faire naître chez lui les foupçons de la violence, qui ne
pouvoient avoir d'autre origine que les accidens qu'il étoit
impoffible d'attribuer à cette chûte : ce n'eft donc que de
ces derniers dont on peut fe fervir pour infirmer la poffibilité
de la chûte ; ainfi féparant les uns des autres, il ne reftoit
à M. Galet, pour attaquer cette poffibilité, que les deux
que nous avons rapportés ; favoir l'échymofe avec le ferrement & la meurtriffure des mufcles internes.

decin ; en voila bien affez fur un objet , qui ,
comme on le verra bientôt, devoit produire fur
M. Galet un effet bien différent de celui qu'il
femble lui attribuer.

Paffons au prétendu ferrement des mufcles internes , qui eft une fuppofition gratuite, dès que
la Relation n'en parle point ; ces mufcles ne pouvoient avoir effuyé de ferrement que le col ne
l'eût éprouvé avec bien plus d'énergie ; & s'il
étoit fenfible dans ceux-là , combien devoit-il
être plus apparent dans celui-ci ? Mais la Relation rapporte que le col étoit fort gonflé ,
& qu'il n'y avoit aucun veftige de refferrement
avec une corde ou autre inftrument ; enfin ces
mufcles n'étoient pas ferrés , puifque felon la
Relation , ils étoient fort gonflés.

A l'égard de la meurtriffure , elle eft imaginai-
re, conçue & enfantée plus d'un an après la vifite
du cadavre, car la Relation n'en dit rien; & dès
qu'il eft démontré que le ferrement eft une fuppofition, il eft démontré de même que fon effet ou la
meurtriffure en eft une autre ; d'un autre côté , fi la
Relation obferve que ces mufcles étoient livides ,
elle ajoute *qu'ils étoient chargés, abreuvés d'un fang*
extravafé , pourri, ce qui exclut toute idée de meurtriffure ; car ce fang pouvoit venir des vaiffeaux dont
la déchirure fait partie de la poffibilité convenue
par M. Galet.

Les voilà donc détruites ces raifons fpécieufes,
fans lefquelles M. Galet feroit convenu que la Demoifelle Sirven , en fe précipitant, auroit pu occafionner tous les défordres obfervés fur le cadavre ;
ainfi rien n'auroit dû empêcher ce Médecin d'examiner une poffibilité que tant de circonftances réunies rendoient vraifemblable ; & dans cette vue,
après avoir fuppofé que la Demoifelle Sirven s'étoit

précipitée dans le puits, il auroit analysé tous les
effets qui pouvoient résulter de cette chûte ; ensuite
il les auroit comparés avec les accidens que présentoit le Cadavre ; ces effets & les accidens étoient-ils
indifférens ? La supposition étoit fausse ; étoient-ils
conformes ? Elle étoit fondée : voici en détail une
partie des recherches & des réflexions que M. Galet
auroit faites.

Pour se conduire d'une maniere lumineuse, il auroit pris avant tout les mesures exactes du puits, ensuite il auroit observé qu'à raison des forces de l'é-
lancement & de la gravité, le corps auroit décrit
dans sa chûte une espèce de ligne parabolique, &
que dans cette direction il devoit nécessairement
rencontrer ou frapper le paroi du puits opposée ;
cette percussion étoit d'autant plus facile à concevoir, que dans le dessein de s'élancer, la demoiselle
Sirven se seroit penchée sur la margelle du puits, &
que par-là la poitrine & la tête avançant deux pams
au moins dans l'aire du puits, qui n'en avoit que
cinq de diametre, il n'y auroit eu que trois pams à
parcourir pour rencontrer la muraille.

Après avoir reconnu que le mouvement composé
auroit entraîné le corps devoit lui donner une direction oblique, on auroit vu que la pesanteur du tronc
& des extrêmités inférieures devoient diminuer un
peu cette obliquité, de façon qu'à mesure que le
corps seroit descendu, la tête auroit présenté des
points différens à la muraille opposée en commen-
çant au sommet & s'approchant toujours du visage ;
d'où il étoit naturel de juger que le sommet de la
tête n'avoit pas frappé la muraille, mais bien plutôt le front, & que dans ce cas la coëffure n'auroit
reçu aucun dérangemement.

Ce résultat étant conforme à ce qu'on avoit observé sur le cadavre, dont l'os frontal présentoit une

[217]

contufion, une fracture, &c. tandis que la coëffure
n'étoit pas dérangée, M. Galet auroit commencé
d'imaginer que fa fuppofition pourroit bien n'en être
pas une.

Ceci arrêté , ce Médecin auroit apperçu qu'un
pareil choc devoit fléchir, renverfer violemment la
tête de devant en arriere , & que pendant la colli-
fion deux forces égales & oppofées tendoient à la
détacher du col ; favoir , la réfiftance de la pierre
frappée , qui agiffoit de bas en haut , & la force
percutive du corps, dont la direction étoit oppofée;
voyant enfuite que cette force étoir capable des plus
grands effets , puifqu'elle étoit égale à la maffe du
corps multiplié par le quarré de la vîteffe acquife
lors du choc (1), il auroit jugé que les ligamens &
les cartilages des vertebres , de même que les tuniques de plufieurs vaiffeaux du col , n'auroient pu
réfifter à une action dont l'intenfité auroit été fi
grande, & que par conféquent on devoit trouver
les vertebres féparées de la tête , plufieurs vaiffeaux
fanguins déchirés , & beaucoup de fang épanché ,
fur tout au devant du col.

Ce fecond réfultat fe trouvant conforme à ce qui
avoit été obfervé fur le cadavre (2), M. Galet n'auroit plus douté que la Demoifelle Sirven ne fe fût
jettée elle-même dans le puits , comme il l'avoit
fuppofé.

Ayant enfuite remarqué que le coup ne portoit
pas au milieu de l'os frontal , mais à fa partie latérale gauche , un peu au-deffus de l'orbite , il auroit
penfé que la tête , dans fon renverfement , avoit dû

------

(1) Sgravefende , phil. Newt. Inft. § 304. Hambergeri,
elem. phyfi §. 746.
(2) Relation.

être néceſſairement détournée vers l'épaule droite, à raiſon de quoi le côté gauche du cou auroit été découvert, & ſeroit devenu même un peu ſaillant; d'où il réſultoit qu'après le coup reçu au côté gauche de l'os frontal, le corps continuant de deſcendre dans la même direction, le côté du col devoit être appliqué à la pierre percutée, & gliſſer avec violence le long de ſa ſurface, ce qui pouvoit produire, dans cette partie une contuſion, une écorchure, le déchirement de quelqu'un des vaiſſeaux cutanés, une échymoſe, &c.

Ce réſultat étant encore conforme à ce qu'on avoit obſervé ſur le cadavre, M. Galet auroit été tout-à-fait convaincu que la ſuppoſition de la chûte volontaire étoit la vérité même.

Il auroit vu, pour lors, avec évidence, comme on l'a dit ci-devant, que l'échimoſe du col auroit dû produire ſur ſon eſprit un effet contraire à celui qu'il lui attribue.

Enfin, ce Médecin auroit terminé ſes recherches par une remarque aſſez légere, en apparence, & qui cependant auroit ajouté un plus grand jour à ſa conviction.

Dans l'élancement auroit-il dit : & pendant la chûte le corps de la Demoiſelle Sirven avoit pris une poſition qui préſenroit obliquement ſa partie poſtérieure au côté du puits oppoſé à celui de l'élancement; d'où il réſulteroit que le col, en gliſſant le long de la pierre, après lui avoir préſenté le côté gauche, devoit en continuant de gliſſer, préſenter ſa partie poſtérieure, après quoi le derriere de l'épaule gauche auroit été froiſſé à ſon tour, ſi l'obliquité de la ſituation du corps l'avoit permis; par où on voit que la contuſion du col devoit être néceſſairement placée ſur ſa partie gauche & poſtérieure.

Ce qui fe trouvant encore conforme à ce qu'on avoit obfervé fur le cadavre , il étoit comme démontré que la Demoifelle Sirven s'étoit jettée dans le puits ; & alors M. Galet , abandonnant fes premieres idées , n'auroit cherché que dans la chûte , les caufes de la mort de cette perfonne.

Il auroit obfervé que cette chûte pouvoit occafionner la mort de trois manieres.

1°. Par la fubmerfion indépendamment d'aucun choc contre les parois ou le fonds du puits.

2°. Par le choc contre les parois & le fonds du puits indépendamment de l'eau.

3°. Par le choc & la fubmerfion concourant fucceffivement.

Après quoi , il auroit vu que les défordres obfervés fur le cadavre , excluoient la premiere caufe ; enfuite , fi le cadavre n'avoit offert aucun indice de fubmerfion , il auroit décidé que le déplacement des vertebres , la rupture de leurs ligamens , la diftorfion de la moëlle , & la déchirure de quelques vaiffeaux avoient uniquement caufé la mort ; enforte qu'elle feroit également arrivée , quand même le puits eût été fans eau. Enfin , fi on eut trouvé des fignes certains de fubmerfion , M. Galet auroit dit que la fubmerfion , le déplacement des vertebres , la déchirure de leurs ligamens , la diftorfion de la moëlle , avoient fait périr la Demoifelle Sirven.

On avoit donc bien raifon de dire que , fans les négligences outrées du Médecin & du Chirurgien , on auroit découvert , avec facilité , la caufe de la mort de cette perfonne ; puifque , indépendamment de ces négligences , on vient de fixer cette caufe avec un probabilité qui tient de la démonftration.